하루 두 시간 한 달 완성~ 입에 착! 시험에 착!

착! 붙는
인도네시아어
독학 첫걸음

저 양태중

시사 Books

머리말

전공 언어로 인도네시아어를 선택했습니다. 인도네시아 자체가 '비전 있는 국가'라고 생각한 점 외에도, 인도네시아어는 배우기 쉬울 거라고 막연하게 생각했던 점도 한몫했습니다. 실제로 인도네시아어를 배우는 다수의 학습자분들도 '인도네시아어'는 다른 언어보다 공부하기 쉽다고 말씀하십니다. 한편으로는 일리 있는 말입니다. 하지만 공부를 하면 할수록, '쉽다'고 말한 것이 섣부른 판단이었다는 걸 깨닫는 분들이 많습니다. 구어체와 문어체가 많이 다르고, 문법은 다른 언어처럼 공부할수록 어렵기 때문입니다.

그럼에도 불구하고 인도네시아어는 인도네시아 국민 약 2억 6천만 명 이상이 공식적으로 사용하는 언어라는 점은 참 매력적입니다. 간단한 인사말과 숫자만 겨우 말할 수 있을 때 인도네시아에 처음으로 갔습니다. 그리고 인도네시아 사람을 만나 인도네시아어로 어색하게 인사말을 건넸던 기억이 납니다. 인도네시아어로 인사말 한 마디 건넸을 뿐인데 밝은 미소로 화답하는 인도네시아 사람들과 마주했던 건 너무나도 짜릿한 경험이었습니다. 이렇게 쉬운 표현 한 마디로 소통의 짜릿함을 느낄 수 있길 바라는 마음에서 이 책을 쓰게 됐습니다.

이 책은 제가 혼자 공부하면서 어려웠던 부분을 고려하여 집필하였습니다. 일상에서 바로 쓸 수 있는 표현을 말하기와 듣기 위주로 구성했고, 이를 통해 표현 자체를 익히는 것뿐만 아니라 인도네시아의 문화를 이해할 수 있는 데에 주안점을 뒀습니다. 따라서 문법의 비중을 적게 구성했지만, 꼭 익혀야 하는 필수 문법을 놓치지 않도록 본문의 내용을 통해 제시하고 있습니다. 그리고 당장 쓸 수 있는 표현을 모아 담아 바로 바로 인도네시아어로 말하고 쓰는 재미를 느낄 수 있도록 하였습니다.

제 욕심을 다 담아내지 못한 이 책이 독자 여러분께서 인도네시아의 문화, 그리고 인도네시아어를 이해하는 데에 도움이 된다면 저자로서 그보다 더 기쁜 일이 없을 듯합니다. 또 인도네시아 사람들과의 소통을 통해 각 지역마다 다른 매력을 가진 인도네시아를 이해하는 데에 조금이나마 기여할 수 있기를 바라는 마음입니다.

마지막으로 책 작업을 완벽하게 마칠 수 있도록 도와주신 주변의 많은 분들, 그리고 많은 가르침을 주셨던 교수님들께 진심으로 감사드립니다. 또한 목적은 각자 다르겠지만 인도네시아어 공부를 통해 넓은 세상을 마주하게 될 여러분을 응원합니다.

저자 양태중

이 책의 구성

인도네시아어 기본 지식

인도네시아어를 학습하는 데 필요한
기본 지식을 담았습니다. 인도네시아어
문자와 기본 문법 사항을 간단 명료하게
설명하였습니다.

회화

과마다 주제와 관련된 일상생활의 실용적인
회화문을 구성하였습니다. 대화문의 중요
표현이나 핵심 구문을 별도로 표시하여 어떤
부분에 초점을 맞춰 학습해야 하는지 알 수
있습니다.

회화 설명

앞의 회화문에서 다룬 중요 표현이나
구문을 이해하기 쉽게 설명하였습니다.
문법을 적용시킨 다양한 예문을 수록하여
문법 이해에 도움을 줍니다.

실전 같은 문형 연습

핵심 구문을 교체 연습을 통해 다양한
말하기 연습을 할 수 있도록 했습니다.

술술 나오는 회화

좀 더 심화된 인도네시아어 학습을 할 수
있도록 앞에서 배운 회화문에서 확장된
내용으로 구성하였습니다.

연습문제

듣기, 말하기, 읽기, 쓰기의 능력을
고루 확인해 볼 수 있는 연습문제를
구성하였습니다.

문화

인도네시아의 문화를 엿볼 수 있는 생생한
정보를 담았습니다.

부록 – 기본 어휘 · 필수 표현

상황별로 필요한 간단한 표현을 부록으로
담았습니다. 적재적소에 활용할 수 있는
다양한 표현을 익혀 보세요.

MP3 streaming

대화 부분과 듣기 문제를 원어민의
발음으로 들으면서 학습하면서 청취
실력을 기르고 동시에 발음 연습도
해 볼 수 있습니다.

동영상 강의

혼자 학습하기에 어려움이 있는
학습자를 위해 동영상 강의를 무료로
제공합니다. 핵심 내용만 압축한
강의를 들으면서 학습해 보세요.

5

목차

머리말 3

이 책의 구성 4

학습 구성표 8

UNIT 00 도입 12

UNIT 01 Salam kenal, saya adalah Ryan 20
반가워요, 제 이름은 Ryan이에요

UNIT 02 Apakah kamu suka makanan Indonesia? 32
인도네시아 음식 좋아하나요?

UNIT 03 Kapan kita bisa bertemu lagi? 44
우리 언제 다시 만날 수 있을까요?

UNIT 04 Mengapa kamu belajar bahasa Indonesia? 56
왜 인도네시아어를 배우나요?

UNIT 05 Mau ke mana? 68
어디 가요?

UNIT 06 Sudah makan? 80
밥 먹었어요?

UNIT 07 Aku harus diet! 92
난 다이어트해야 돼!

UNIT 08 Tolong ke sana dengan cepat! 104
그곳으로 빨리 가 주세요!

UNIT 09   Aku sakit kepala 116
저 머리가 아파요

UNIT 10   Ada yang lebih murah? 128
더 저렴한 거 있어요?

UNIT 11   Bagaimana cuaca hari ini? 140
오늘 날씨 어때요?

UNIT 12   Semoga berhasil! 152
잘 되길 빌어요!

UNIT 13   Bagaimana kalau kita menonton film? 164
우리 같이 영화 보는 거 어때?

UNIT 14   Bisakah kamu membelikan aku masker?   176
내게 마스크 좀 사다 줄 수 있어?

UNIT 15   Sudah aku balas 188
답장했어

UNIT 16   Sepertinya aku tertidur karena mengantuk 200
졸려서 갑자기 잠이 든 거 같아요

부록   연습문제 정답 214
기본 어휘 · 필수 표현 220

학습 구성표

날짜	차례	회화 포인트	문법 포인트	문화
1일	**UNIT 00** 도입	인도네시아어 기본 익히기	• 인도네시아어 문자 • 어근과 접사 • 숫자 • 요일, 월, 시간	
2일	**UNIT 01** Salam kenal, saya adalah Ryan 반가워요, 제 이름은 Ryan이에요	• Selamat siang, salam kenal. Saya adalah Ryan. 안녕하세요, 저는 Ryan입니다. • Ini adalah ibu Annisa. 이분은 Annisa 씨입니다. • Saya bukan orang Indonesia. 저는 인도네시아 사람이 아닙니다. • Aku pergi ke Indonesia. 나는 인도네시아로 가.	• 인사말 • 인칭대명사 • 호칭	인도네시아 (Indonesia)
3일	**UNIT 02** Apakah kamu suka makanan Indonesia? 인도네시아 음식 좋아하나요?	• Apakah Anda suka makanan Indonesia? 인도네시아 음식 좋아하나요? • Apa nama makanan itu? 그 음식 이름이 뭔가요? • Hari ini hari apa? 오늘이 무슨 요일인가요? • Bulan ini bulan apa? 이번 달은 몇 월인가요?	• 간단한 질문하기 (apakah, apa 의문문) • 요일 표현 • 제안하기(silakan)	교통 (Transportasi)
4일		**UNIT 01~UNIT 02 복습**		
5일	**UNIT 03** Kapan kita bisa bertemu lagi? 우리 언제 다시 만날 수 있을까요?	• Kapan kita bisa bertemu lagi? 우리 언제 다시 만날 수 있을까요? • Siapa orang itu? 저 사람은 누구입니까? • Berapa harga itu? 그거 가격이 얼마예요? • Harganya berapa? 얼마예요?	• 질문하기(kapan, siapa, berapa 의 문문) • 조동사 bisa • 'nya'의 쓰임	종교 (Agama)
6일	**UNIT 04** Mengapa kamu belajar bahasa Indonesia? 왜 인도네시아어를 배우나요?	• Mengapa kamu belajar bahasa Indonesia? 왜 인도네시아어를 배우니? • Bagaimana liburan kamu? 네 방학은 어땠니? • Bagaimana cara pergi ke rumah sakit? 병원으로 어떻게 가면 돼요? • Bagaimana jika kita pergi ke kafe? 우리 카페에 가는 거 어때?	• 질문하기 (mengapa, bagaimana 의문문) • 맛, 색깔 등의 표현 • 방법 묻기, 제안하기	음식 (Masakan)
7일		**UNIT 03~UNIT 04 복습**		

날짜	차례	회화 포인트	문법 포인트	문화

8일	**UNIT 05**
	Mau ke mana?
	어디 가요?
		• Mau ke mana? 어디 가요?
		• Teman aku juga ada di mall.
		  내 친구도 몰에 있어.
		• Tolong belok kiri! 좌회전해 주세요!
		• Adik aku ada di antara ibu dan aku.
		  내 동생은 엄마와 나 사이에 있어.
			• 장소 전치사
			• '~에 있어요'(ada di 장소)
			• 방향 표현
				음료
				(Minuman)

9일	**UNIT 06**
	Sudah makan?
	밥 먹었어요?
		• Apakah kamu sudah makan? 밥 먹었어?
		• Apakah kamu pernah ke pulau Bali?
		  발리 섬에 가 본 적이 있어?
		• Aku lagi di jalan! 나 가는 중이야!
		• Aku mau pulang nanti malam.
		  난 이따 밤에 돌아갈 거야.
			• 시간 조동사
			• lagi 표현
				예절
				(Etika)

10일	<div align="center">UNIT 05~UNIT 06 복습</div>			

11일	**UNIT 07**
	Aku harus diet!
	난 다이어트해야 돼!
		• Aku harus diet! 난 다이어트해야만 해!
		• Aku tambah gendut. 나 살 더 쪘어.
		• Kamu tidak perlu diet!
		  넌 다이어트할 필요 없어!
		• Jangan makan sesuatu sebelum tidur!
		  자기 전에 뭐 먹지 마!
			• 조동사 harus, perlu
			• 동사 tambah
			  (더 ~해지다)
			• 접속사 sebelum / sesudah
			• 부정 명령어 jangan
				여행
				(Pariwisata)

12일	**UNIT 08**
	Tolong ke sana
	dengan cepat!
	그곳으로 빨리 가
	주세요!
		• Tolong ke sana dengan cepat!
		  그곳으로 빨리 가 주세요!
		• Biasanya 50 menit kalau tidak macet.
		  안 막히면 보통 50분 정도 걸려요.
		• Saya mau pakai ini.
		  저는 이걸로 하고 싶어요.
		• Saya sudah punya pacar.
		  저는 애인이 있습니다.
			• tolong
			• 부사 만들기
			  (dengan + 형용사)
			• kalau
			• 동사 pakai / punya
				몰
				(Mall)

13일	<div align="center">UNIT 07~UNIT 08 복습</div>			

학습 구성표

날짜	차례	회화 포인트	문법 포인트	문화
14일	**UNIT 09** Aku sakit kepala 저 머리가 아파요	• Ada yang bisa saya bantu? 무엇을 도와드릴까요? • Saya merasa pusing dan ada demam sejak kemarin malam. 어젯밤부터 열도 있고 좀 어지러워요. • Sepertinya Anda kena tifus! 티푸스에 걸린 것 같습니다! • Itu salah satu penyakit. 그것은 질병 중 하나입니다.	• 관계대명사 yang • sejak(~로부터) • 부사 sepertinya • salah satu (~중 하나)	날씨 (Cuaca)
15일	**UNIT 10** Ada yang lebih murah? 더 저렴한 거 있어요?	• Buat siapa? 누구를 위해서요? • Yang ada di sebelah kanan lebih murah. 오른쪽에 있는 게 더 저렴해요. • Sepertinya baju itu kebesaran. 그 옷은 좀 큰 것 같아요. • Ibu saya akan secantik artis! 저희 어머니는 연예인처럼 예뻐질 거예요!	• 전치사 buat • 비교급 • 접사 ke-an • 접사 se-	공휴일 (Tanggal merah)
16일		UNIT 09~UNIT 10 복습		
17일	**UNIT 11** Bagaimana cuaca hari ini? 오늘 날씨 어때요?	• Kamu bikin aku cemburu! 진짜 부럽다! • Bagaimana cuaca di gunung Bromo? 브로모 화산 날씨는 어때? • Biasanya dingin. 보통 추워. • Aku sudah beli tiket pulang pergi. 나는 왕복 티켓을 구매했어.	• 동사 bikin • 날씨 표현 • 다양한 부사 • pulang pergi	인도네시아 사람들 (Orang Indonesia)
18일	**UNIT 12** Semoga berhasil! 잘 되길 빌어요!	• Wah, ketahuan ya. 와, 알아챘니. • Silakan beri tahu aku. 내게 알려 줘. • Seharusnya kamu berlatih dulu. 너는 우선 연습부터 해야 돼. • Semoga berhasil. 잘 되길 빌어요.	• 자동사를 만드는 'ber-' 접사 • semoga (~하길 바라요)	바띡 (Batik)
19일		UNIT 11~UNIT 12 복습		

날짜	차례	회화 포인트	문법 포인트	문화
20일	**UNIT 13** Bagaimana kalau kita menonton film? 우리 같이 영화 보는 거 어때?	• Aduh, lagi bete banget! 아, 정말 심심해 죽겠다! • Bagaimana kalau kita menonton film? 우리 같이 영화 보는 거 어때? • Aku sudah lama tidak menonton film. 나 영화 안 본 지 오래됐어. • Aku ikut kamu walaupun aku tidak suka film hantu. 귀신 영화를 좋아하지 않지만 널 따라갈게.	• 타동사를 만드는 me- 접사 • walaupun (그럼에도 불구하고)	당둣 (Dangdut)
21일	**UNIT 14** Bisakah kamu membelikan aku masker? 내게 마스크 좀 사다 줄 수 있어?	• Teman Korea menemani aku untuk jalan-jalan! 한국 친구가 여행에 동행해 주기로 했어! • Bisakah kamu membelikan aku masker? 내게 마스크 좀 사다 줄 수 있어? • Makanan pun enak sekali! 음식도 엄청 맛있어! • Aku dengar masker murah sekali. 마스크가 엄청 싸다고 들었어.	• 다양한 접사 (me-i, me-kan) • 기능어 pun	커피 (Kopi)
22일		UNIT 13~UNIT 14 복습		
23일	**UNIT 15** Sudah aku balas 답장했어!	• Sudah aku balas! 이미 답장했어! • Makanan apa yang disukai pacarmu? 여자 친구가 좋아하는 음식이 뭐야? • Pantesan! 그럴 줄 알았어! • Terima kasih atas sarannya! 조언해 줘서 고마워!	• 수동태 형태	가사 도우미 (Pembantu)
24일	**UNIT 16** Sepertinya aku tertidur karena mengantuk 졸려서 갑자기 잠이 든 거 같아요	• Sepertinya aku tertidur karena tadi mengantuk. 아까 졸려서 갑자기 잠에 든 것 같아. • Terserah kamu. 너 마음대로 해. • Yang terdekat ada di mana? 가장 가까운 곳이 어디야? • Sepertinya aku pernah lewat restoran itu. 그 식당 지나간 적이 있는 것 같아.	• 접사 ter	조심해야 할 것들 (Yang perlu diperhatikan)
25일		UNIT 15~UNIT 16 복습		

인도네시아어를 배우게 된 여러분을 환영합니다!
본격적으로 배우기에 앞서 간단하게 인도네시아어에 대해서 알아보자고요!

인도네시아어에 대한 상식 Check!

(1) 철자부터 공부할 필요가 없다?

인도네시아어를 배운 학습자들은 '인도네시아어가 쉽다'고 합니다. 그 이유는 물론 학습자마다 다르겠지만, 주로 영어와 동일한 로마 알파벳을 사용하기 때문이 아닐까 싶습니다. 적어도 처음부터 철자를 외우느라 시간을 할애하지는 않아도 되니까요.

(2) 성조가 없다?

인도네시아어에는 성조가 따로 없으며 특별히 강세가 정해져 있지 않습니다. 그렇기 때문에 한 단어를 발음할 때 음이 올라가거나 내려간다고 해서 뜻이 달라지지 않습니다.

(3) 시제가 없다?

인도네시아어에는 시제가 없기 때문에, 과거와 미래 시점을 나타낼 때 동사의 형태가 변하지 않습니다. 특정 시점을 나타내고자 할 때는 '어제', '오늘', '내일' 등의 시간을 표현하는 부사어를 사용하면 됩니다.

(4) 인도네시아어와 말레이시아어가 같다고요?!

인도네시아어만 배우면 말레이시아 사람들과도 소통이 가능할 거라고 생각하는 분들이 있습니다. 반은 맞고 반은 틀린 말입니다. 같은 단어라도 의미가 다르게 쓰이는 경우가 있고, 억양도 미묘하게 다르기 때문입니다.

(5) 인도네시아의 어순이 영어와 같다?

인도네시아어의 기본적은 어순은 영어와 비슷합니다. 즉, '나는 – 먹는다 – 밥을'과 같이 주어, 서술어, 목적어 순으로 구성돼 있는데요. 인도네시아 사람들 중에서 영어를 잘 구사하는 사람들이 많은 건, 기본 문장 구조에서 보이는 두 언어 간의 유사성 때문이 아닐까 싶습니다.

> saya makan nasi
> 나는   먹는다   밥을

* 수식어는 피수식어의 뒤에 위치합니다. 즉 꾸며 주는 말이 뒤에 위치합니다.

> bahasa Indonesia (인도네시아어) / orang asing (외국인)

* 반대로 수량을 나타내는 표현은 꾸며 주는 말이 앞에 위치합니다.

> banyak orang (많은 사람) / semua orang (모든 사람)

(6) 명사를 반복하면 복수가 된다?

명사를 두 번 반복해서 사용하면 복수가 됩니다. 예를 들어 'orang'이라는 단어는 '사람'을 뜻하는 명사인데요. 'orang-orang'은 '사람들'이 됩니다. 다만 예외도 존재하는데요. '눈'을 의미하는 'mata'의 경우 'mata-mata'라고 하면 '간첩'이라는 의미가 됩니다. 대부분 복수가 되지만, 이렇게 예외가 되는 경우도 있습니다.

🎧 Track 01

문자	명칭	발음
A / a 모음	아	ㅏ
B / b	베	ㅂ
C / c	쩨	ㅉ
D / d	데	ㄷ
E / e 모음	에	ㅔ / ㅡ / ㅓ
F / f	에프	영어 F 발음
G / g	게	ㄱ
H / h	하	ㅎ
I / i 모음	이	ㅣ
J / j	제	ㅈ
K / k	까	ㄲ
L / l	엘	ㄹ
M / m	엠	ㅁ
N / n	엔	ㄴ
O / o 모음	오	ㅗ
P / p	뻬	ㅃ
Q / q	끼	ㄲ
R / r	에르	ㄹ
S / s	에스	ㅅ
T / t	떼	ㄸ
U / u 모음	우	ㅜ
V / v	페	영어 F 발음
W / w	웨	ㅇ
X / x	엑스	영어 X 발음
Y / y	예	ㅣ
Z / z	젯	ㅈ

인도네시아어	독음	인도네시아어	독음
saya	사야	orang	오랑
kamu	까무	senang	스낭
makan	마깐	kabar	까바ㄹ

주의해야 할 발음!

(1) 'e' 발음은 'ㅔ'와 'ㅡ', 혹은 'ㅓ'로 발음됩니다. 단어에 따라 발음하는 방법이 다르므로 'e'가 있는 단어의 경우에는 독음을 써 두는 것이 좋습니다.

- kecap [께짭]
- senang [스낭]
- kerja [꺼르자]

(2) 'l' 발음과 'r' 발음의 경우 비슷해 보이지만 다음과 같은 차이가 있습니다.

- halal [할랄] 'ㄹ' 발음이 양쪽으로 연음
- haram [하람] 'ㄹ' 발음이 뒤쪽으로만 연음

(3) 이중자음

kh : k는 거의 묵음이고, h만 발음합니다(khusus, khas, khianat, akhir).

ng : 'ng'가 앞에 나오는 단어의 경우 [응]으로 발음하고, 나머지 위치에서는 'ㅇ' 받침으로 발음합니다 (ngomong, warung).

ny : 기본적으로 '냐' 발음이며, 뒤에 모음이 항상 위치합니다(nyenyak, nyamuk).

(4) 이중모음

ai : 'ㅏ'와 'ㅣ'를 빠르게 발음합니다(pantai, bagaimana, pakai).

au : 'ㅏ'와 'ㅜ'를 빠르게 발음합니다(pulau, pisau, saudara).

oi : 'ㅗ'와 'ㅣ'를 빠르게 발음합니다(amboi, sepoi).

어근과 접사

인도네시아어를 공부할 때는 '어근'의 의미를 파악해야 합니다. '어근'이란 한 단어에서 더 이상 나눌 수 없는, 의미의 중심이 되는 요소입니다. 의미를 가진 가장 기본적인 단어라고 이해하면 될 것 같네요. 이러한 '어근'에 '접사'가 결합하는 형태를 자주 볼 수 있는데요. 하나의 어근에 특정 접사를 붙이면 얼마나 다양한 의미로 쓰일 수 있는지 다음의 예를 통해서 알아볼게요.

어근	접사	결합한 단어	의미
ajar (교육)	ber	belajar	공부하다
	me	mengajar	가르치다
	me-kan	mengajarkan	~을 가르치다
	me-i	mengajari	~에게 가르치다
	memper-i	mempelajari	~을 학습하다
	pe	pelajar / pengajar	학생 / 선생님
	per-an	pelajaran / pengajaran	과목 / 교육

이렇게 어근 하나에도 접사에 따라서 다양한 의미로 변화하는 모습을 볼 수 있는데요. 가장 중요한 것은 역시 어근의 의미를 파악하는 것입니다. 접사에 의해 단어의 형태가 변했다고 하더라도 어근을 구별해낼 수 있다면, 단어의 의미를 유추할 수 있기 때문이죠.

숫자   Track 03

숫자	기수	서수
0	nol (영) 놀 / kosong (공) 꼬송	
1	satu 사뚜	pertama 뻐르따마
2	dua 두아	kedua 끄두아
3	tiga 띠가	ketiga 끄띠가
4	empat 음빳	keempat 끄음빳
5	lima 리마	kelima 끄리마
6	enam 으남	keenam 끄으남
7	tujuh 뚜주	ketujuh 끄뚜주
8	delapan 들라빤	kedelapan 끄들라빤
9	sembilan 슴빌란	kesembilan 끄슴빌란
10	sepuluh 스뿔루	kesepuluh 끄스뿔루

* 11부터 19까지는 belas를 붙여요!

11 : sebelas (10단위 이상의 앞 숫자가 1일 경우 'satu'가 아닌 'se'를 사용합니다.)

18 : delapan belas

* 10단위에는 puluh를 붙여요.

20 : dua puluh

98 : sembilan puluh delapan

* 100단위에는 ratus를 붙여요.

300 : tiga ratus

952 : sembilan ratus lima puluh dua

* 1.000단위에는 ribu를 붙여요.

5.000 : lima ribu

10.000 : sepuluh ribu

300.000 : tiga ratus ribu

* 1.000.000단위에는 juta를 붙여요.

5.000.000 : lima juta

10.000.000 : sepuluh juta

참고 **1.000.000.000 :** semiliar / satu miliar
1.000.000.000.000 : setriliun / satu triliun

독학 플러스

숫자를 표기할 때 천 단위는 마침표(.), 그리고 소수점 표기는 쉼표(,)로 표기합니다.

요일, 월, 시간

● '요일' 표현　🎧 Track 04

요일	인도네시아어	독음
월요일	Senin	스닌
화요일	Selasa	슬라사
수요일	Rabu	라부
목요일	Kamis	까미스
금요일	Jumat	주맛
토요일	Sabtu	삽뚜
일요일	Minggu	밍구

앞에 '요일'이라는 의미의 'hari'와 함께 쓰입니다. 위 단어들은 문장의 어느 위치에 쓰이든 대문자로 쓰이니 참고 하세요.

＊ 주말 : 'akhir minggu' 또는 'akhir pekan'

● '월' 표현　🎧 Track 05

월	인도네시아어	독음
1월	Januari	자누아리
2월	Februari	페브루아리
3월	Maret	마렛
4월	April	아쁘릴
5월	Mei	메이
6월	Juni	주니
7월	Juli	줄리
8월	Agustus	아구스뚜스
9월	September	셉뗌버ㄹ
10월	Oktober	옥또버ㄹ
11월	November	노벰버ㄹ
12월	Desember	데셈버ㄹ

앞에 '월'이라는 의미의 'bulan'을 함께 씁니다. '요일' 표현과 마찬가지로 문장의 어느 위치에 쓰이든 대문자로 쓰입니다.

> **독학 플러스**
>
> 인도네시아어는 일정을 표현할 때, 일, 월, 년 순서로 표기합니다. '일'은 'tanggal', '월'은 'bulan', 그리고 '년'은 'tahun'을 사용합니다.

＊ 9월 17일 : tanggal 17 bulan September
　2020년 4월 6일 : tanggal 6 bulan April tahun 2020

● '시간' 표현

'시간'은 'jam', '분'은 'menit'을 사용하며, '지나서'를 의미하는 'lewat'을 사용하여 시간과 분을 구분합니다. 아래의 예를 통해서 다양하게 시간을 표현해 보세요.

3시 정각 : jam 3 tepat

　　　　　'tepat'은 '정확한'이란 의미로 시간을 표현할 때 '정각'으로 사용됩니다.

3시 50분 : jam 3 lewat 50 menit (lewat : 지난)

　　　　　jam 4 kurang 10 menit (kurang : 부족한)

5시 30분 : jam setengah 6

　　　　　'setengah'는 '절반'이라는 의미입니다. '5시 반'을 표현할 때 setengah, 뒤에는 한 시간 뒤의 수인 6을 써야 합니다. 물론 위에 있는 lewat을 사용해서 표현할 수도 있어요(jam 5 lewat 30 menit).

18

인도네시아어 기본 단어 및 표현

막상 인도네시아에 도착했는데, 아무 말도 몰라서 당황스러웠던 적이 있는데요. 아래 단어를 익혀 두면 간단히 말하고자 하는 바를 표현할 수 있을 거예요! 기본적인 단어이니 잘 익혀 두시기 바랍니다.

인도네시아어	뜻	인도네시아어	뜻
ya	네	tidak	아니오
ini	이것	itu	저것
sini	여기	sana	저기
bisa	~을 할 수 있는	boleh	~을 해도 되는
mau	~을 원하는	suka	~을 좋아하는
sudah	이미	belum	아직 ~하지 않은
toilet	화장실	di mana?	어디예요?
ke mana?	어디 가요?	dari mana?	어디서 왔어요?
ada	있다, 소유하다	punya	가지다, 소유하다
pakai	사용하다, 착용하다	naik	(교통수단을) 타다
beli	사다	jual	팔다
harga	가격	bayar	지불하다
mahal	비싼	murah	싼
uang	돈	kartu kredit	신용카드
lapar	배고픈	kenyang	배부른
minum	마시다	makan	먹다
cukup	충분한	lagi	더
haus	목마른	air putih	생수
panas	더운	dingin	추운
panjang / tinggi	긴 / 높은	pendek	짧은
besar	큰	kecil	작은
luas	넓은	sempit	좁은
mobil	자동차	bus / bis	버스
taksi	택시	ojek	영업용 오토바이
motor	오토바이	pesawat	비행기
halte	정류장	bandara	공항
tidur	자다	bangun	일어나다
tahu	알다	paham	이해하다

UNIT 01

Salam kenal, saya adalah Ryan

반가워요, 제 이름은 Ryan이에요.

이번 단원에서 배울 것이 뭐죠?

• 인사말
• 인칭대명사
• 호칭

알아 두면 좋은 표현!

Lagi ngapain? 지금 뭐 해?

왜 그럴 때 있잖아요.
갑자기 친구에게 전화해서 불러내고 싶거나 뭐 하냐고 묻고 싶을 때 유용한 표현입니다.
다음과 같이 응용해서 사용할 수도 있어요.

Lagi ngapain di sini? 너 여기서 뭐 해?

* 앞에 붙은 ng는 [응]으로 발음하지만 실제로는 거의 묵음처럼 발음이 되지 않습니다.

회화   Selamat pagi!
좋은 아침!

Ryan : Halo Rini. Selamat pagi! [할로 리니 슬라맛 빠기]

Rini : Selamat pagi Ryan. Kamu sedang apa? [슬라맛 빠기 라이언 까무 스당 아빠]

Ryan : Oh, aku sedang minum kopi saja. [오 아꾸 스당 미눔 꼬삐 사자]

Rini : Oh begitu, ini teman saya Annisa. [오 버기뚜 이니 뜨만 사야 아니사]

Ryan : Oh ya? Salam kenal, saya adalah Ryan. Senang bertemu.

[오 야 살람 끄날 사야 아달라 라이언 스낭 버르뜨무]

Annisa : Senang bertemu juga. Apakah kamu orang Jepang?

[스낭 버르뜨무 주가 아빠까 까무 오랑 즈빵]

Ryan : Bukan, saya orang Korea. [부깐 사야 오랑 꼬레아]

Annisa : Oh begitu, maaf aku salah paham. [오 버기뚜 마앞 아꾸 살라 빠함]

Ryan : Tidak apa-apa! [띠닥 아빠 아빠]

Ryan : 안녕 Rini. 좋은 아침!
Rini : 좋은 아침이야 Ryan. 지금 뭐 해?
Ryan : 오, 그냥 커피 마시는 중이야.
Rini : 아 그렇구나, 여기 내 친구 Annisa야.
Ryan : 아 그래? 안녕 Annisa, 나는 Ryan이야. 만나서 반가워.
Annisa : 나도 만나서 반가워. 넌 일본 사람이니?
Ryan : 아니야, 난 한국 사람이야.
Annisa : 오 그렇구나, 미안해 내가 오해했네.
Ryan : 괜찮아!

□ sedang apa? 뭐 해요?   □ maaf 미안해요   □ salah paham 오해하다

22

01 **Selamat siang, salam kenal. Saya adalah Ryan.** 안녕하세요, 저는 Ryan입니다.

A : Selamat siang. Salam kenal, saya adalah Ryan. [슬라맛 시앙 살람 끄날 사야 아달라 라이언]
안녕하세요. 저는 Ryan입니다.

B : Saya Rini. Senang bertemu! [사야 리니 스낭 버르뜨무]
저는 Rini예요. 만나서 반가워요!

● Selamat siang 안녕(점심 인사)

인도네시아어로 '안녕하세요'에 해당하는 인사는 시간에 따라 다르게 사용합니다. 'selamat'이 독립적으로 쓰이면 '축하해요!'로도 쓰이는데요. 뒤에 시간을 나타내는 명사를 붙이면 인사말이 됩니다. 그럼 시간대별로 달라지는 인도네시아 인사말을 알아볼까요!

아침 인사 (06:00 ~ 11:00)	점심 인사 (11:00 ~ 15:00)	저녁 인사 (15:00 ~ 18:00)	밤 인사 (18:00 ~)
Selamat pagi [슬라맛 빠기]	Selamat siang [슬라맛 시앙]	Selamat sore [슬라맛 소레]	Selamat malam [슬라맛 말람]

시간을 나타내는 명사만으로도 인사말을 짧게 할 수 있답니다.
Pagi[빠기], Siang[시앙], Sore[소레], Malam[말람]을 사용해서 시간대별로 인사해 보세요.

● Saya adalah Ryan. 저는 라이언입니다.

1인칭을 나타내는 '나는 Saya[사야]입니다. Saya 뒤에 '~입니다'의 의미를 지닌 주격 조사 adalah[아달라], 그리고 뒤에 본인의 이름을 말하면 '나는 ~입니다'가 됩니다. Saya 외에 쓰이는 호칭어를 한번 알아볼게요.

구분	단수	복수
1인칭	saya 저 aku 나	kita 우리 (청자 포함) kami 저희 (청자 제외)
2인칭	Anda 당신 kamu 너	Anda sekalian 당신들 kalian 너희들
3인칭	dia 그/그녀 beliau 그분	mereka 그들

• 주격 조사 'adalah'는 생략이 가능하므로 "Saya Ryan"이라고 해도 무방합니다. 평소에 본인을 소개할 때는 간단하게 'Saya + 이름'으로 소개해 보세요. 참고로 더 친밀한 사이에서는 saya 대신에 aku[아꾸]를 많이 쓰이는데요. 소개할 때는 다음과 같이 간단하게 사용하면 돼요.

Aku Ryan! 나는 라이언이야!

• 'Anda'의 A는 문장 어디에 위치하든 항상 대문자로 씁니다.

02 **Ini adalah ibu Annisa.** 이분은 Annisa 씨입니다.

> **A : Ini adalah ibu Annisa** [이니 아달라 이부 아니사]
>   이분은 Annisa 씨입니다.
>
> **B : Hai, ibu Annisa!** [하이, 이부 아니사]
>   안녕하세요, Annisa 씨.

● ini 이것/이분

지시대명사인 ini는 '이것' 또는 '이 사람'을 의미합니다. 말하는 사람의 가까이에 위치한 사물을 얘기할 때, 또는 가까운 사람을 지칭할 때 ini를 씁니다. '그것, 저것' 등의 멀리 있는 사물, 또는 사람을 지칭할 때는 itu[이뚜]를 쓰면 돼요.

- Itu adalah Bapak Ryan. [이뚜 아달라 바빡 라이언] 저분은 라이언 씨입니다.
- Ini adalah hape. [이니 아달라 하뻬] 이것은 휴대폰입니다.

> 인도네시아어의 명사는 뒤에 오는 성분이 꾸며 주는데요. 예로 '이 책'을 표현하려면, 책을 의미하는 buku[부꾸], 그리고 지시대명사 ini[이니]를 뒤에 써서 buku ini[부꾸 이니]라고 쓰면 된답니다. 반대로 Ini buku는 '이것은 책입니다'가 되겠죠? 추가적으로 지시대명사 ini, itu는 특정 시점 뒤에 위치할 수 있는데요. ini는 현재, itu는 과거를 나타냅니다.
>
> • Malam ini 오늘 밤
> • Malam itu 그날 밤

● Ibu / Bapak

각각 여성과 남성의 호칭인데요. 높여 부를 필요가 있는 분, 또는 어르신들께 이 호칭을 씁니다. 이 호칭 다음에 이름 또는 성을 붙여서 쓰면 되는데요. 자주 쓰이는 호칭을 좀 더 알아볼까요?

구분	남성	여성
기혼자, 선생님 등	Bapak [바빡]	Ibu [이부]
미혼자, 점원 등	Mas [마스]	Mbak [음바]

> 보통 Ibu는 Bu[부], 그리고 Bapak은 Pak[빡]으로 줄여서 많이 씁니다. 한국에서는 식당에서 '여기요'라고 하지만, 인도네시아에서는 간단하게 이러한 호칭을 써서 점원을 부르니 참고하세요.

03 **Saya bukan orang Indonesia.** 저는 인도네시아 사람이 아닙니다.

A : **Anda orang Indonesia?** [안다 오랑 인도네시아]
당신은 인도네시아 사람입니까?

B : **Saya bukan orang Indonesia.** [사야 부깐 오랑 인도네시아]
저는 인도네시아 사람이 아닙니다.

눈치를 채셨는지 모르겠지만 부정어가 중간에 있습니다. bukan[부깐]은 명사를 부정하는데요. 이 단어 하나만으로도 '아니오'라는 대답을 할 수 있습니다. 동사와 형용사를 부정하는 것은 tidak[띠닥]인데요, 아래 예문을 통해서 알아보겠습니다.

- **Saya bukan mahasiswa.** [사야 부깐 마하시스와] 저는 대학생이 아닙니다.
- **Saya tidak pintar.** [사야 띠닥 삔따르] 저는 똑똑하지 않습니다.

독학 Plus

인도네시아 사람들과 대화하다 보면 '아니야'라고 할 때 고개를 좌우로 흔들며 'Nggak[응각]'이라고 얘기하는 모습을 많이 볼 수 있는데요. 이 표현이 바로 'tidak'의 구어체입니다. 아래와 같이 뒤에 형용사나 동사를 넣어서 자주 말하는 연습을 하면 금방 익숙해질 수 있습니다.

- **Nggak makan?** [응각마깐] 밥 안 먹니?
- **Nggak tidur?** [응각 띠두르] 잠 안 자니?

04 **Aku pergi ke Indonesia.** 나는 인도네시아로 가.

A : **Kamu pergi ke mana?** [까무 뻐르기 끄 마나]
넌 어디로 가니?

B : **Aku pergi ke Indonesia.** [아꾸 뻐르기 끄 인도네시아]
나는 인도네시아로 가.

인도네시아어는 기본적으로 영어와 문장 순서가 같습니다. 〈주어 - 부정어 - 조동사 - 본동사〉 순인데요. 다음의 예문을 통해서 살펴보겠습니다.

- **Saya tidak makan nasi goreng.** [사야 띠닥 마깐 나시 고렝] 저는 나시고렝을 먹지 않습니다.
- **Saya tidak pergi ke Indonesia.** [사야 띠닥 뻐르기 끄 인도네시아] 저는 인도네시아로 가지 않습니다.

독학 Plus

pergi(가다)는 뒤에 구체적인 장소가 나올 때 항상 전치사 ke(~로)가 뒤따르므로 위와 같은 〈동사 + 전치사〉 조합은 한꺼번에 외워 두는 게 좋아요.

☐ **mahasiswa** 대학생　　☐ **makan** 먹다　　☐ **pintar** 똑똑한　　☐ **pergi ke** ~로 가다

01 Selamat pagi. 안녕하세요.

Selamat	malam
	makan
	jalan
	tidur

Tip 'Selamat'은 뒤에 명사나 동사가 올 경우 다음과 같은 뜻의 인사말이 됩니다.
- Selamat malam. 안녕하세요, 안녕히 가세요 (밤 인사) – 만날 때, 헤어질 때
- Selamat makan. 맛있게 드세요.
- Selamat jalan. 안녕히 가세요.
- Selamat tidur. 안녕히 주무세요.

□ **malam** 밤　　□ **makan** 먹다　　□ **jalan** 길　　□ **tidur** 자다

02 Ini adalah ibu Annisa. 이분은 Annisa 씨입니다.

Itu	buku
Dia	Ryan
Saya	karyawan
Mereka	mahasiswa

□ **buku** 책　　□ **karyawan** 직장인　　□ **mahasiswa** 대학생

03 Saya **bukan** orang Indonesia. 저는 인도네시아 사람이 아닙니다.

Itu	paspor saya
Dia	orang Korea
Saya	guru
Mereka	teman saya

☐ paspor 여권   ☐ guru 선생님   ☐ teman 친구

04 Saya pergi ke Indonesia. 저는 인도네시아로 갑니다.

makan	mie goreng
suka	boneka
minum	jus
belajar	bahasa Indonesia

☐ mie goreng 미고렝   ☐ suka 좋아하다   ☐ boneka 인형
☐ minum 마시다   ☐ jus 주스   ☐ belajar 공부하다
☐ bahasa Indonesia 인도네시아어

술술 나오는 **회화**

Ryan : Selamat siang, Annisa. [슬라맛 시앙 아니사]

Annisa : Siang, Ryan. [시앙 라이언]

Ryan : Ini adalah bapak Indra. [이니 아달라 바빡 인드라]

Indra : Halo Annisa, saya Indra. Senang bertemu. [할로 아니사 사야 인드라 스낭 버르뜨무]

Annisa : Senang bertemu juga. Anda mahasiswa? [스낭 버르뜨무 주가 안다 마하시스와]

Indra : Bukan. Saya karyawan. Saya bekerja di PT Silla Indonesia.

[부깐 사야 까리아완 사야 버꺼르자 디 뻬떼 신라 인도네시아]

Ryan : 안녕하세요, Annisa 씨.
Annisa : 안녕하세요, Ryan 씨.
Ryan : 이분은 Indra 씨입니다.
Indra : 안녕하세요 Annisa 씨, 저는 Indra입니다. 만나서 반갑습니다.
Annisa : 만나게 되어 저도 반갑습니다. 당신은 대학생인가요?
Indra : 아니오. 저는 직장인입니다. 저는 신라 인도네시아 주식회사에서 일해요.

Halo
안녕하세요

인도네시아 사람들은 가볍게 인사를 할 때, 또는 통화할 때 '여보세요'를 'Halo'라고 합니다. 시간에 따라서 인사말이 바뀌는 인도네시아식 인사 표현이 서투른 경우에는 기억이 잘 안 날 수도 있는데요. 그럴 때는 주저하지 말고, 웃으며 'Halo'라고 인사해 보세요.

□ senang 기쁜　　□ bertemu 만나다　　□ bekerja di ~에서 일하다
□ PT(Perseroan Terbatas) 주식회사

대화를 듣고 빈칸을 완성하세요. Track 08

(1) Ryan : _____ .

Rini : Selamat pagi Ryan, saya Rini.

(2) Ryan : _____ .

Rini : Senang bertemu juga.

(3) Ryan : _____ ?

Rini : Ya. Saya orang Indonesia.

(4) Ryan : _____ ?

Rini : Bukan. Saya bekerja di bank.

다음 문장을 발음에 주의하여 잘 읽어 보세요. Track 09

(1) Saya adalah Annisa.

(2) Senang bertemu.

(3) Saya bukan orang Indonesia.

(4) Saya pergi ke restoran.

우리말 의미를 참고하여 빈칸에 들어갈 알맞은 단어를 써 보세요.

(1) Dia _____ orang Korea. 그는 한국 사람이 아닙니다.

(2) Saya _____ makan nasi goreng. 저는 나시고렝을 먹지 않습니다.

(3) Ini _____ hape saya. 이것은 제 휴대폰입니다.

주어진 어휘를 순서에 맞게 배열하여 소개하는 문장을 만들고 말해 보세요.

(1) Dia	Indonesia	orang	adalah	→	_____
(2) bekerja	Indonesia	saya	di	→	_____
(3) adalah	Annisa	mahasiswa		→	_____

Ryan

Selamat siang, Annisa.

_____ Ryan.

Annisa

Ryan

Ini _____ bapak
Indra.

Halo Annisa, saya Indra.
_____.

Indra

Annisa

Senang bertemu _____.
Anda mahasiswa?

Bukan. Saya karyawan.
Saya _____ di PT Silla
Indonesia.

Indra

인도네시아 (Indonesia)

budaya

여러분은 '인도네시아' 하면 무엇이 먼저 떠오르나요? 약 2억 6천만 명의 인구를 자랑하는 세계 4위의 인구 대국? 동남아시아 최대의 무슬림? 빠르게 발전하는 동남아시아 국가? 모두 맞습니다. 우리가 평소에 생각하던 여유로운 모습의 동남아시아를 생각하고 인도네시아, 특히 자카르타에 가시면 깜짝 놀랄지도 모릅니다. 수많은 마천루, 엄청난 교통 체증, 사람들로 붐비는 몰(mall)을 보면 입이 떡 하고 벌어지죠.

인도네시아에 간다고 하면 주변인들이 '자연재해'에 대해서 우려를 많이 하세요. 실제로 쓰나미, 지진, 홍수 피해가 종종 발생하는 나라이기도 합니다. 언제 찾아올지 모르는 지진과 홍수 피해에도 불구하고 이 나라가 매력이 있는 건 왜일까요?

바로 인도네시아의 국시(國是)인 다양성 속의 통일성의 매력을 곳곳에서 확인할 수 있어서 그런 게 아닐까 합니다. 인도네시아를 두고 '세계 최대 군도 국가'라고 부르기도 합니다. 섬의 개수만 2만 개에 육박한다고 하는데요. 종족 수 또한 300개가 넘습니다. 이렇게 다른 사람들끼리 한 국가에 모여 살면서도 서로 다른 문화를 보존하며 사는 모습이 매력적입니다.

이렇게 매력적인 인도네시아의 언어, 인도네시아어를 배우게 된 여러분을 진심으로 환영합니다. 대체로 인도네시아어는 '배우기 쉽다'고 합니다. 표기할 때 영어 알파벳과 같게 표기하기 때문인데요. 읽는 방법이 다르기 때문에, 지금까지 배웠던 영어 발음 습관은 버리고 공부에 임하는 자세가 필요합니다!

이 책은 제가 학생일 때, 인도네시아어 전공자임에도 불구하고 인도네시아에 처음 갔을 때 아무 말도 못했던 제 경험을 되뇌어 보며 썼습니다. 각자 인도네시아어를 배우는 목적은 다르겠지만, 이 책을 통해 인도네시아어를 조금이나마 편하게 익힐 수 있기를 바라며, 완전히 유창하게는 아니더라도 다양한 상황에서 간단하게 쓰일 수 있는 표현을 익혀, 자신 있게 말할 수 있기를 바랍니다.

UNIT 02

Apakah kamu suka makanan Indonesia?

인도네시아 음식 좋아하나요?

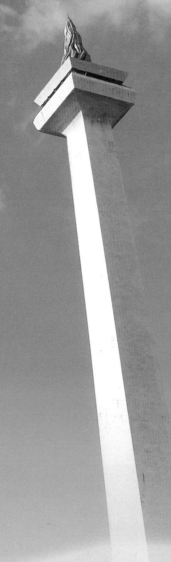

이번 단원에서
배울 것이
뭐죠?

· 간단한 질문하기(Apakah, Apa 의문문)
· 요일 표현
· 제안하기(silakan)

 알아 두면 좋은 표현!

Lagi di jalan. 가는 중이야.

자카르타는 특히 교통 체증으로 유명해요. 약속 시간을 정했는데도 안 오길래 전화하면 '가는 중이야'라고
말하곤 해요. 직역하면 '지금 길이야'인데요. 'on the way'의 의미로 쓰입니다.

* 'on the way'를 이용해서 간단하게 Aku OTW라고 메시지를 보내기도 해요!

회화

Apakah kamu suka makanan Indonesia?
인도네시아 음식 좋아하니?

Ryan : Selamat siang, Rini. Kamu sedang apa? [슬라맛 시앙 리니 까무 스당 아빠]

Rini : Aku mau makan dulu. [아꾸 마우 마깐 둘루]

Ryan : Oh, kamu mau makan apa? [오 까무 마우 마깐 아빠]

Rini : Aku mau makan makanan Indonesia. [아꾸 마우 마깐 마까난 인도네시아]

Apakah kamu suka makanan Indonesia? [아빠까 까무 수까 마까난 인도네시아]

Ryan : Tentu saja! Aku juga lapar sekali. [뜬뚜 사자 아꾸 주가 라빠르 스깔리]

Rini : Baik, silakan ikut aku. Aku tahu restoran Indonesia di dekat sini.
[바익 실라깐 이꿋 아꾸 아꾸 따우 레스또란 인도네시아 디 드깟 시니]

Ryan : Oke. Aku tidak sabar makan makanan Indonesia!
[오께 아꾸 띠닥 사바르 마깐 마까난 인도네시아]

Rini : Percaya aku! Terutama, nasi goreng dan gado-gado enak sekali!
[뻐르짜야 아꾸 떠르우따마 나시 고렝 단 가도가도 에낙 스깔리]

Ryan : 안녕, Rini. 지금 뭐 해?
Rini : 나 먼저 밥 좀 먹으려고.
Ryan : 오, 뭐 먹을 건데?
Rini : 인도네시아 음식 먹을 거야. 인도네시아 음식 좋아하니?
Ryan : 당연하지! 나도 배고파 죽겠어.
Rini : 좋았어, 날 따라와. 이 근처에 인도네시아 음식점을 알고 있어.
Ryan : 그래. 인도네시아 음식 먹고 싶어서 못 참겠어!
Rini : 날 믿어! 특히, 나시고렝과 가도가도가 엄청 맛있어!

□ dulu 먼저　　□ makanan 음식　　□ lapar 배고픈　　□ sekali 매우
□ di dekat sini 여기서 가까운　　□ tidak sabar 참지 못하다　　□ percaya 믿다　　□ terutama 특히

01 Apakah Anda suka makanan Indonesia? 인도네시아 음식 좋아하나요?

A : Apakah Anda suka makanan Indonesia? [아빠까 안다 수까 마까난 인도네시아]
인도네시아 음식을 좋아하나요?

B : Iya, saya suka makanan Indonesia. [이야 사야 수까 마까난 인도네시아]
네, 저는 인도네시아 음식을 좋아해요.

Apakah 의문문

'네' 또는 '아니오' 대답을 요구하는 의문 형태는 apakah를 통해서 만들 수 있어요. 아래의 예문을 통해서 살펴볼게요. 구어체에서는 의문사 apakah를 생략해서 사용하되, 문장의 끝을 올려 주면 됩니다.

- A (Apakah) Anda orang Korea? [아빠까 안다 오랑 꼬레아] 당신은 한국인입니까?

  B Ya, saya orang Korea. [야 사야 오랑 꼬레아] 네, 저는 한국인입니다.

- A (Apakah) Anda suka makanan Indonesia? [아빠까 안다 수까 마까난 인도네시아]
  인도네시아 음식을 좋아하시나요?

  B Ya, saya suka makanan Indonesia. [야 사야 수까 마까난 인도네시아]
  네, 저는 인도네시아 음식을 좋아합니다.

- A (Apakah) dia mahasiswa? [아빠까 디아 마하시스와] 그/그녀는 대학생입니까?

  B Bukan, dia bukan mahasiswa. [부깐 디아 부깐 마하시스와] 아니요, 그/그녀는 대학생이 아닙니다.

- A (Apakah) Anda bekerja di Indonesia? [아빠까 안다 버꺼르자 디 인도네시아]
  인도네시아에서 일하시나요?

  B Tidak, saya tidak bekerja di Indonesia. [띠닥 사야 띠닥 버꺼르자 디 인도네시아]
  아니요, 인도네시아에서 일하지 않습니다.

위와 같이 apakah 의문문을 통해 '네/아니오' 대답을 이끌어 내는 질문을 할 수 있습니다. '아니오'의 경우에는 위와 같이 의문문에서 어떤 것을 물어보느냐에 따라 부정어가 달라집니다. 앞에서 배웠던 것처럼 명사를 부정할 때는 'bukan', 그리고 동사/형용사를 부정할 때는 'tidak'을 쓰면 됩니다. 일상 회화를 사용할 때에는 의문사 apakah를 대부분 생략해서 쓰지만, 기본적인 의문문 형태를 익히기 위해 먼저 apakah를 넣어서 연습하시기 바랍니다.

Apa nama makanan itu? 그 음식 이름이 뭔가요?

> A : Makanan ini enak sekali! Apa nama makanan ini?
> [마까난 이니 에낙 스깔리 아빠 나마 마까난 이니]
>
> 이 음식 정말 맛있네요! 이 음식 이름이 뭐예요?
>
> B : Nama makanan ini adalah mie goreng. [나마 마까난 이니 아달라 미 고렝]
> 이 음식 이름은 미고렝이에요.

● Apa 의문문

앞에서 배운 apakah는 '네/아니오' 대답을 유도하는 의문사였다면 지금 다루는 apa는 '무슨, 어떤'을 물어볼 때 사용하는 의문사입니다. 참고로 구어체에서는 'Apa ini/itu?'로 '이게 뭐야? 저게 뭐야?'라고 간단하게 질문하지만 지시 대상을 정확히 묻고 싶으면 apa와 지시대명사 ini/itu 사이에 묻고자 하는 대상을 넣으면 됩니다. 다음의 예문을 통해서 익혀 볼게요.

- A Apa ini? [아빠 이니] 이게 뭐예요?

  B Ini adalah kopi hitam. [이니 아달라 꼬삐 히땀] 이건 블랙 커피예요.

- A Apa warna motor kamu? [아빠 와르나 모또르 까무] 당신 오토바이 색깔은 무엇입니까?

  B Warna motor aku adalah warna hitam. [와르나 모또르 아꾸 아달라 와르나 히땀]
  제 오토바이 색깔은 검은색입니다.

*참고로 apa를 문장의 맨 앞에 사용하기도 하지만 맨 뒤에 사용해도 무방합니다.

- Ini apa? [이니 아빠] 이게 뭐예요?
- Hobi dia apa? [호비 까무 아빠] 그의 취미가 뭔가요?

03 **Hari ini hari apa?** 오늘이 무슨 요일인가요?

앞에서 배운 의문사 apa를 통해 간단한 의문형을 만들어 봤는데요. 요일을 물어볼 때도 apa를 쓸 수 있답니다. '날, 하루'를 의미하는 'hari'와 지시대명사 ini/itu를 조합하면 hari ini(오늘), 그리고 과거를 말할 때는 hari itu(그날)이 라는 단어를 만들 수 있습니다. 다음 단어를 통해 요일 표현을 익혀 볼게요. 참고로 요일을 나타내는 단어의 첫 글 자는 항상 대문자로 적어야 하며, 요일을 의미하는 hari를 앞에 꼭 붙여 주세요!

월요일	화요일	수요일	목요일	금요일	토요일	일요일
Senin	Selasa	Rabu	Kamis	Jumat	Sabtu	Minggu

- Hari ini (adalah) hari Senin. [하리 이니 아달라 하리 스닌] 오늘은 월요일입니다.
- Besok (adalah) hari Selasa. [베속 아달라 하리 슬라사] 내일은 화요일입니다.

04 **Bulan ini bulan apa?** 이번 달은 몇 월인가요?

'월'을 나타내는 'bulan'이라는 단어를 사용하여 몇 월인지 말할 수 있어요.

1월	2월	3월	4월
Januari	Februari	Maret	April
5월	6월	7월	8월
Mei	Juni	Juli	Agustus
9월	10월	11월	12월
September	Oktober	November	Desember

- Bulan ini bulan apa? [불란 이니 불란 아빠] 이번 달은 몇 월인가요?
- Bulan ini (adalah) bulan September. [불란 이니 불란 셉뗌버] 이번 달은 9월입니다.

01 Apakah Anda suka makanan Indonesia?

인도네시아 음식을 좋아하나요?

kamu	ayam goreng
beliau	lagu Korea
bapak	menyanyi
dia	laki-laki itu

☐ **ayam goreng** 치킨　☐ **lagu** 노래　☐ **menyanyi** 노래하다　☐ **laki-laki** 남자

02 Apa nama restoran itu? 저 식당 이름이 뭔가요?

warna	mobil kamu
buku	ini
nama	kota itu
hobi	Anda

☐ **warna** 색　☐ **kota** 도시　☐ **hobi** 취미

03 Hari ini adalah hari Selasa. 오늘은 화요일입니다.

Besok	Minggu
Kemarin	Sabtu
Hari ini	ulang tahun saya
Besok lusa	Senin

☐ besok 내일   ☐ kemarin 어제   ☐ hari ulang tahun 생일
☐ besok lusa 모레

04 Bulan ini adalah bulan September. 이번 달은 9월입니다.

Bulan lalu	Agustus
2 bulan lalu	Juli
Bulan depan	Oktober
2 bulan lagi	November

☐ bulan lalu 지난달   ☐ bulan depan 다음 달
☐ 2 bulan lagi 2달 후에(2달 후를 얘기할 때는 depan보다는 lagi 사용이 자연스러움)

Ryan : Hai Rini. Apakah kamu lapar? [하이 리니 아빠까 까무 라빠르]

Rini : Hai Ryan. Ya, aku lapar. [하이 라이언 야 아꾸 라빠르]

Ryan : Oh, silakan makan ini! [오 실라깐 마깐 이니]

Rini : Apa itu? [아빠 이뚜]

Ryan : Ini ayam goreng. [이니 아얌 고렝]

Rini : Wah, aku suka itu! Kemarin aku juga makan ayam goreng!

[와 아꾸 수까 이뚜 끄마린 아꾸 주가 마깐 아얌 고렝]

Ryan : Oh begitu, selamat makan! [오 버기뚜 슬라맛 마깐]

Ryan : 안녕 Rini. 너 배고프니?
Rini : 안녕 Ryan. 응, 나 배고파.
Ryan : 오, 이거 먹어 봐!
Rini : 그게 뭐야?
Ryan : 이거 치킨이야.
Rini : 와, 나도 그거 좋아해! 어제도 치킨 먹었어!
Ryan : 아 그렇구나, 맛있게 먹어!

silakan
~하세요

영어에서 please에 해당하는 의미로 제안할 때 많이 쓰는 단어입니다. 동사와 결합하면 부드러운 제안을 할 수 있죠.
- Silakan duduk. 앉으세요.
- Silakan minum. 마셔 보세요.

juga
또한

'또한'을 의미합니다. 다음과 같이 주어와 결합하여 간단하게 쓰일 수 있어요.
- Aku juga! 나도!
- Kamu juga? 너도?
- Aku juga suka makanan Indonesia.
  나도 인도네시아 음식을 좋아해.

대화를 듣고 빈칸을 완성하세요. 🎧 Track 12

(1) Ryan : _____ ?

    Rini : Bukan, saya orang Indonesia.

(2) Ryan : _____ ?

    Rini : Hobi saya adalah berolahraga.

(3) Ryan : _____ ?

    Rini : Hari ini hari Selasa.

(4) Ryan : Bulan depan bulan apa?

    Rini : _____ .

다음 문장을 발음에 주의하여 잘 읽어 보세요. 🎧 Track 13

(1) Apakah Anda suka artis Indonesia?

(2) Apa warna motor kamu?

(3) Besok adalah hari Jumat.

(4) Bulan depan adalah bulan Februari.

우리말 의미를 참고하여 빈칸에 들어갈 알맞은 단어를 써 보세요.

(1) _____ kamu suka berolahraga? 너는 운동을 좋아하니?

(2) _____ nama restoran itu? 저 식당 이름이 뭐야?

(3) _____ adalah hari ulang tahun aku. 목요일은 내 생일이야.

우리말 문장을 앞에서 배운 어휘와 문형을 이용하여 인도네시아로 말해 보세요.

(1) 한국 음식 좋아하나요? _____

(2) 이게 뭐예요? _____

(3) 내일은 일요일입니다. _____

(4) 2달 후는 11월입니다. _____

Ryan

Hai Rini. Apakah kamu lapar?

Hai Ryan. Ya, aku lapar.

Rini

Oh, _____ makan ini!

Ryan

Apa itu?

Rini

Ini ayam goreng.

Ryan

Wah, aku suka itu! kemarin aku _____ makan ayam goreng!

Rini

Oh begitu, _____ makan!

Ryan

교통 (Transportasi)

문화

budaya

인도네시아는 수많은 차와 오토바이로 항상 붐비기 때문에 약속을 잡을 때 여유 있게 잡아야 한다는 점을 염두에 두어야 합니다. 주로 이용하는 교통수단을 알아볼게요!

•**택시(Taksi)** : 한국 택시 요금과 비교 시 저렴한 편입니다. 기본적으로 Bluebird를 가장 많이 볼 수 있으며, 이외에도 다양한 택시 회사들이 있습니다. 다만 Grab이나 Go-jek 등의 앱을 이용하여 택시를 호출하기 때문에 예전에 비해 길 한가운데서 택시를 잡는 일이 흔하지는 않습니다. 다양한 형태의 차량을 호출할 수 있으며 음식 주문 및 배달 기능까지 있어서 아주 유용한 앱입니다.

•**버스(Bus)** : 자카르타에는 굴절형 버스인 '트랜스 자카르타 (Trans Jakarta)'가 있습니다. 거리에 상관 없이 요금은 Rp. 3.500이며, 처음 이용할 때는 Rp. 20.000을 지불하여 카드 구매 후, 충전해서 사용합니다(추후에는 거리에 따라 추가 요금이 부과될 수 있습니다). 남성 칸, 여성 칸으로 분리되어 있으며, 한국과 같이 버스 전용차로에서 운영되기 때문에 인도네시아 사람들은 출퇴근 시에 많이 이용합니다.

•**기차(Kereta)** : 도시간 이동 시에는 기차를 많이 이용합니다. 특히 2023년 말에 개통한 자카르타-반둥 고속 철도를 이용할 경우 기존 이동 시간 3시간 30분에서 약 1시간 남짓으로 이동 시간이 대폭 단축되어 해당 구간을 이용할 경우 효율적으로 이용할 수 있습니다.

•**앙꼿(Angkot)** : 버스가 잘 다니지 않는 구석구석까지 운영되는 봉고차 형태의 교통수단입니다. 노선이 정해져 있기 때문에 숙지하고 타는 것이 좋으며, 노선 안에서라면 어디에서든 내릴 수 있습니다. 동전으로 차의 천장 부분을 톡톡 치면서 'Kiri, bang [끼리, 방]'을 외치면 내려 줍니다. 직역하면 '왼쪽, 아저씨'입니다만 '내려요, 아저씨'로 해석됩니다.

UNIT 03

Kapan kita bisa bertemu lagi?

우리 언제 다시 만날 수 있을까요?

이번 단원에서 배울 것이 뭐죠?

- 질문하기(Kapan, Siapa, Berapa 의문문)
- 조동사 bisa
- 'nya'의 쓰임

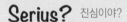 알아 두면 좋은 표현!

Serius? 진심이야?

언뜻 보고 영어의 serious를 떠올리셨을 텐데요.
맞습니다. 본래 '진짜', '진심이야'라고 물을 때 자주 쓰는 표현입니다.

* 또는 같은 의미인 'benar'에 접미사 '-an'을 붙여 'benaran[브나란]?'이라고 표현하기도 합니다.

회화

Kapan kita bisa bertemu lagi?
우리 언제 다시 만날 수 있을까요?

Ryan : Film ini menarik sekali! Apakah kamu juga suka film ini?
[필름 이니 므나릭 스깔리 아빠까 까무 주가 수까 필름 이니]

Rini : Ya, aku juga sangat suka film ini. [야 아꾸 주가 상앗 수까 필름 이니]

Ryan : Bagus. Oh, apakah kamu lapar? [바구스 오 아빠까 까무 라빠르]

Rini : Ya, aku lapar. Tetapi maaf. [야 아꾸 라빠르 뜨따삐 마압]

Aku ada janji dengan teman-teman aku. [아꾸 아다 잔지 등안 뜨만뜨만 아꾸]

Ryan : Oh begitu, kapan kita bisa bertemu lagi? [오 버기뚜 까빤 끼따 비사 버르뜨무 라기]

Rini : Mungkin hari Minggu ini? [뭉낀 하리 밍구 이니]

Ryan : Bagus. Aku akan telepon lagi hari Sabtu. [바구스 아꾸 아깐 뗄레뽄 라기 하리 삽뚜]

Rini : Ya, sampai hari Minggu! [야 삼빠이 하리 밍구]

Ryan : Sampai hari Minggu! [삼빠이 하리 밍구]

Ryan : 이 영화 진짜 재미있네! 너도 이 영화 좋았어?
Rini : 응, 나도 이 영화 정말 좋았어.
Ryan : 좋아. 혹시 너 배고프니?
Rini : 응, 나 배고파. 근데 미안해. 나 친구들하고 약속이 있네.
Ryan : 아 그렇구나, 우리 언제 다시 만날 수 있을까?
Rini : 아마도 이번 주 일요일?
Ryan : 좋아. 토요일에 전화할게.
Rini : 그래 일요일에 만나!
Ryan : 일요일에 만나!

□ **minta maaf** 미안합니다(정중한 표현)　　□ **janji** 약속　　□ **dengan** ~와 함께(with)
□ **telepon** 전화/전화하다

01 Kapan kita bisa bertemu lagi? 우리 언제 다시 만날 수 있을까요?

A : Sampai bertemu lagi! 다음에 만나!

B : Oh, kapan kita bisa bertemu lagi? 오, 우리 언제 다시 볼까?

A : Mungkin minggu depan! 다음 주쯤 보지 뭐!

kapan 의문문

시점을 물어볼 때 사용하는 의문사로 '언제'의 의미를 나타냅니다. 의문사 kapan은 구어체에서 독립적으로 '언제?' 라고 물을 때 많이 사용하는데요. 다음과 같은 예문을 통해서 익혀 보도록 하겠습니다.

A   Kapan kita bisa menonton film bersama? 우리 언제 같이 영화 볼 수 있을까?

B   Hari ini juga boleh. 오늘도 괜찮아.

'허가'의 의미로 쓰이는 조동사 boleh는 '좋아', '괜찮아' 의미로 구어체에서 독립적으로 많이 사용됩니다. 반대 로 '안 돼'라고 표현할 때는 앞에 tidak을 써서, tidak boleh라고 쓰면 됩니다.

조동사 bisa

조동사 bisa는 '~을 할 수 있는'을 의미합니다. 문어체에서는 dapat으로 많이 쓰고 있으나 통용되는 표현은 bisa입 니다. 앞서 설명한 boleh와는 비슷한 것 같지만 다르게 쓰입니다. boleh는 '허가'의 의미가 더욱 강하며, bisa는 '능 력'의 의미가 더 강합니다.

- Saya bisa berbahasa Indonesia. 저는 인도네시아어를 잘 구사할 수 있습니다.
- Saya bisa masak nasi goreng. 저는 나시고렝을 요리할 수 있습니다.
- Bisa pakai wifi? 와이파이 사용 가능한가요? [구어체]
- Bisa bahasa Inggris? 영어 하실 수 있나요? [구어체]

영어의 경우 can은 독립적으로 쓰이지 않으나, 인도네시아의 경우에는 조동사가 독립적으로 쓰이는 경우가 많 으니, 조동사 표현만 제대로 익혀도 간단한 일상 회화가 가능합니다. '할 수 있어'는 'bisa'라고 간단하게 표현할 수 있어요.

02 **Siapa orang itu?** 저 사람은 누구입니까?

> A : Siapa orang itu? 저 사람은 누구입니까?
> B : Dia adalah teman saya. 그/그녀는 제 친구입니다.

● siapa 의문문

'siapa'는 위와 같이 '누구'를 의미하는 의문사로 쓰입니다. 아울러 사람의 이름을 물어볼 때도 이 의문사가 쓰이는 데요. 다음의 예문을 통해서 알아보도록 하겠습니다.

> A : Siapa nama Anda? 당신의 이름은 무엇입니까?
> B : Nama saya adalah Ryan. 제 이름은 Ryan입니다.

Atas nama siapa? 성함이 어떻게 되시나요?

택시 또는 식당을 예약할 때 위와 같이 물어보곤 하는데요. atas는 전치사로 '~위에'라는 의미가 있지만, 예약 자명을 확인할 때는 본래 의미와는 별개로 쓰입니다. 대답할 때는 똑같이 'Atas nama Ryan'이라고 하면 됩니다.

03 **Berapa harga itu?** 그거 가격이 얼마예요?

> A : Berapa harga air putih? 생수는 얼마예요?
> B : Harga air putih adalah 3.500 rupiah. 생수 가격은 3.500루피아입니다.

● berapa 의문문

수와 관련된 질문을 할 때는 의문사 berapa를 사용합니다.

- Berapa umur Anda? 나이가 어떻게 되십니까? (나이)
- Berapa orang anggota keluarga Anda? 가족 구성원이 몇 명인가요? (수)

Berapa 뒤에 형용사가 있으면 '얼마나 ~한지' 물어볼 수 있습니다.

- Berapa lama dari sini? 여기서 얼마나 걸려요?   *lama 긴, 오랫동안
- Berapa jauh dari sini? 여기서 얼마나 멀어요?   *jauh 먼
- Berapa banyak orang di sini? 얼마나 많은 사람이 여기에 있나요?   *banyak 많은

간단하게 '얼마예요?'라고 묻고 싶을 때는 'Ini/Itu berapa?'라고 해 보세요.

04 **Harganya berapa?** 얼마예요?

    A : Harganya berapa? 얼마예요?
    B : Ini 13.000 rupiah. 이건 13.000루피아입니다.

인도네시아 사람들은 평소에 '-nya'를 많이 씁니다. 그중에도 특히 의문사 또는 명사에 많이 쓰는데요. 다음과 같이 간단하게 질문을 할 수 있기 때문입니다.

- Harga ini berapa? → Harganya berapa? 얼마예요?
- Nama Anda siapa? → Namanya siapa? 이름이 뭐예요?

아울러 '-nya' 형태의 가장 대표적으로 쓰이는 경우를 먼저 다뤄 보겠습니다.

(1) dia와 같은 의미로 전치사 또는 명사 뒤에 붙는 경우

- Aku berolahraga dengannya. 나는 그/그녀와 함께 운동했습니다.
- Ini mobilnya. 이것은 그/그녀의 자동차입니다.

(2) 영어의 정관사 the의 의미로 쓰이는 경우

- Laptopnya ringan sekali. 노트북이 정말 가벼워요.
- Pemandangannya indah. 경치가 아름답네요.

(3) 명사형으로 만드는 경우

- Tingginya berapa? 키가 몇인가요?　*tinggi : 키가 큰
- Maunya apa? 원하는 게 뭔가요?　*mau : ~을 원하는

01

Kapan kita bisa bertemu lagi? 우리 언제 다시 만날 수 있을까요?

aku	menikah
teman saya	berhasil
kamu	datang ke Korea
beliau	sembuh

☐ **menikah** 결혼하다 ☐ **berhasil** 성공하다, 결실을 맺다
☐ **beliau** 그분(존칭) ☐ **sembuh** 낫다

02

Siapa orang itu? 저 사람은 누구인가요?

	namanya
	orang tua kamu
Siapa	teman Anda
	orang ini

☐ **orang tua** 부모님

03 Berapa harga itu? 이거 얼마예요?

Berapa	derajat sekarang
	orang
	harga makanan ini
	umur dia

☐ derajat 온도　☐ sekarang 현재　☐ harga 가격　☐ umur 나이

04 Harganya berapa? 이거 얼마예요?

Nama	siapa
Tinggi	berapa
Datang	kapan
Lagu	apa

☐ datang 오다

Ryan : Selamat siang, harga laptop ini berapa?

Penjual : Siang pak. Harga laptop ini 15 juta rupiah.

Ryan : Wah, mahal sekali!

Penjual : Bagaimana kalau laptop ini?

Ryan : Oh, ini harganya berapa?

Penjual : Ini 13 juta rupiah.

Ryan : Oh begitu, saya pikir dulu ya.

Ryan : 안녕하세요, 이 노트북 얼마인가요?

판매원 : 안녕하세요. 이 노트북은 1,500만 루피아입니다.

Ryan : 와, 엄청 비싸네요!

판매원 : 그러면 이 노트북은 어떠세요?

Ryan : 오, 이건 얼마인데요?

판매원 : 1,300만 루피아예요.

Ryan : 오 그렇군요, 저 생각 좀 먼저 해 볼게요.

독학 Plus

'아 그렇구나' 하고 맞장구치고 싶을 때!
상대방의 말에 반응을 보여 주고 싶을 때 'Oh begitu'라고 표현합니다. 보통 이 표현은 줄여서 'Oh gitu'라고
표현하는데요. '아 그렇구나'의 의미로 상대방의 말에 공감할 때 쓰면 된답니다.

대화를 듣고 빈칸을 완성하세요. 🎧 Track 16

(1) Ryan : _____?

    Rini : Besok!

(2) Ryan : _____?

    Rini : Nama saya Rini.

(3) Ryan : _____?

    Rini : Ini 30.000 rupiah.

(4) Ryan : _____?

    Rini : Sekitar 7 jam.

다음 문장을 발음에 주의하여 잘 읽어 보세요. 🎧 Track 17

(1) Siapa nama orang itu?

(2) Kapan kamu menikah?

(3) Berapa harga mie goreng ini?

(4) Berapa lama dari sini?

우리말 의미를 참고하여 빈칸에 들어갈 알맞은 단어를 써 보세요.

(1) Namanya _____? 이름이 뭐예요?

(2) _____ lama kamu tinggal di Jakarta? 자카르타에 산 지 얼마나 됐어요?

(3) _____ kita bisa bertemu lagi? 우리 언제 다시 만날 수 있을까요?

우리말 문장을 앞에서 배운 어휘와 문형을 이용하여 인도네시아로 말해 보세요.

(1) 저 사람은 누구예요? _____

(2) 이거 얼마예요? _____

(3) 언제 같이 밥 먹을 수 있을까요? _____

(4) 몇 살인가요? _____

Ryan

Selamat siang, harga
laptop ini _____?

Siang pak. Harga laptop
ini 15 juta rupiah.

Penjual

Ryan

Wah, _____ sekali!

Bagaimana kalau laptop
ini?

Penjual

Ryan

Oh, ini harganya berapa?

Ini 13 juta rupiah.

Penjual

Ryan

Oh begitu, saya _____
dulu ya.

문화

종교 (Agama)

인도네시아 국민은 필수적으로 종교를 선택해야 합니다. 바로 인도네시아 건국 이념인 Panca Sila(5가지의 원칙) 중 하나가, 유일신에 대한 믿음(Ketuhanan yang Maha Esa)이기 때문입니다. 때문에 주민등록증에도 종교가 표기되어 있습니다. 인도네시아는 여섯 가지 종교를 공식으로 인정하고 있습니다. 바로 이슬람(Islam), 기독교(Kristen), 가톨릭(Katolik), 힌두(Hindu), 불교(Buddha), 유교(Kong Hu Cu)입니다.

•**금식** : 라마단 기간에 모든 무슬림은 금식을 합니다. 그렇다고 아예 굶는 것은 아니고, 하루의 일정 시간 동안 금식을 하는데, 일출부터 일몰(보통 17시 30분 정도)까지이며 이 시간 동안에는 음식을 먹지 않을 뿐만 아니라 물도 마시지 않습니다. 금식을 깨기 전에는 배고픔을 잊기 위해 시간을 때우곤 하는데, 이를 '응아부부릿(ngabuburit)'이라고 합니다. 이후 금식을 깨게 되는데, 이를 '부까 뿌아사(buka puasa)'라고 하며, 가벼운 음료, 혹은 kurma라고 하는 대추야자를 먹습니다. 또한 일출 전에 금식을 잘 지킬 수 있도록, 가볍게 음식을 먹곤 하는데 이를 '사후르(sahur)'라고 합니다. 이 시간에 음식을 많이 먹는 바람에, 라마단 기간에 살이 찌는 인도네시아 사람들도 많습니다.

•**휴일** : 인도네시아에는 종교 관련 휴일이 많습니다. 여기서 주목해야 할 것은 바로 르바란(Lebaran) 휴일인데요. 금식 기간인 라마단을 성공적으로 끝낸 후 새로 태어남을 다짐하는 날입니다. 이슬람력을 따르기 때문에 매해 날짜가 조금씩 달라집니다. 공식적인 휴일은 이틀이지만, 보통 직장에 따라 나흘에서 일주일 정도 휴가가 주어집니다. 이 기간 동안 멀리 떨어져 있는 가족을 만나러 가는데 이를 무딕(mudik)이라고 합니다. 이때 버스, 기차, 비행기 등의 교통수단의 예약이 꽉 차기 때문에 이를 염두에 두고 일정을 조정해야 합니다.

•**질밥** : 무슬림 여성이 착용하는 '차도르', 또는 '히잡'을 인도네시아에서는 '질밥(jilbab)'이라고 합니다. 무슬림 여성은 항상 쓰는 것으로 알고 있지만, 등교길에는 쓰다가 하교길에는 벗는 여성도 볼 수 있는데요, 각자의 신앙심에 따라 쓰고 벗는 건 자유로운 편입니다. 물론 질밥을 착용함으로써 외적인 아름다움을 잘 살리기도 하며 이 때문에 종류도 매우 다양합니다.

UNIT 04

Mengapa kamu belajar bahasa Indonesia?

왜 인도네시아어를 배우나요?

56

이번 단원에서 배울 것이 뭐죠?

• 질문하기(Mengapa, Bagaimana 의문문)
• 맛, 색깔 등의 표현
• 방법 묻기, 제안하기

알아 두면 좋은 표현!

Lebay! 오버 하네!

누군가 과장을 할 때 '오버 하네!'라고 표현하잖아요.
인도네시아에도 같은 표현이 있습니다. 바로 lebay인데요.
원래 이 단어는 '아주 많은', '과다한'의 의미의 'berlebihan'에서 파생되었습니다.

회화 Mengapa kamu belajar bahasa Indonesia?
왜 인도네시아어를 배우나요?

Ryan : Selamat pagi Annisa.

Annisa : Oh, kamu juga kuliah di sini?

Ryan : Ya, aku pertukaran mahasiswa di sini.

Annisa : Oh begitu, kamu belajar bahasa Indonesia?

Ryan : Ya, aku belajar bahasa Indonesia dengan teman-teman aku.

Annisa : Hebat sekali. Mengapa kamu belajar bahasa Indonesia?

Ryan : Karena aku tertarik dengan budaya Indonesia.

Annisa : Oh begitu, semangat!

Ryan : Terima kasih banyak!

Ryan : 좋은 아침이야 Annisa.
Annisa : 오, 너도 여기서 공부해?
Ryan : 응, 여기 교환 학생이야.
Annisa : 아 그렇구나, 인도네시아어 공부하니?
Ryan : 응, 내 친구들과 함께 인도네시아어 공부하고 있어.
Annisa : 매우 훌륭하네. 인도네시아어는 왜 공부하니?
Ryan : 인도네시아 문화에 흥미를 느껴서.
Annisa : 아 그렇구나, 파이팅!
Ryan : 정말 고마워!

☐ **kuliah** 수업(대학교 이상)   ☐ **pertukaran** 교환   ☐ **hebat** 훌륭한   ☐ **tertarik** 흥미를 느끼다
☐ **semangat** 열정, 파이팅

01 Mengapa kamu belajar bahasa Indonesia? 왜 인도네시아어를 배워요?

A : Mengapa kamu belajar bahasa Indonesia? 왜 인도네시아어를 배워요?

B : Karena aku suka belajar bahasa asing. 외국어 배우는 것을 좋아해서 배워요.

A : Oh begitu, kamu jago berbahasa Indonesia! 아 그렇군요, 인도네시아어를 매우 잘하시네요!

B : Terima Kasih. Saya harus rajin belajar bahasa Indonesia!
고맙습니다. 저는 인도네시아어를 열심히 공부해야 해요!

● **mengapa 의문문**

이유를 물어보고자 할 때는 'mengapa' 의문문을 씁니다. mengapa로 질문을 받았을 때는 '왜냐하면'을 의미하는 'karena'를 이용해서 대답하면 됩니다.

A　Mengapa kamu datang ke Indonesia? 너는 인도네시아에 왜 왔어?

B　Karena aku mau bekerja di Indonesia. 인도네시아에서 일하고 싶어서 왔어.

독학 Plus　의문사 'mengapa'의 구어체는 kenapa로, '왜?'라고 물을 때 간단하게 사용할 수 있습니다.

● **형용사 뒤에 동사가 나오면!**

앞의 예문을 살펴보면 형용사와 동사가 나란히 위치하는 문장을 볼 수 있는데요. 그 예가 바로 jago berbahasa, 그리고 rajin belajar입니다. 여기서 동사 앞에 위치하는 형용사는 부사 역할을 합니다. 그래서 각각 '인도네시아어를 잘', '공부를 열심히'라는 의미가 되죠. 형용사를 부사로 만드는 형태는 두 가지가 있습니다. 보통은 간편하게 한 번만 사용하지만, 문어체에서는 전치사 dengan을 이용한 문장도 많이 쓰기 때문에 잘 익혀 두시기 바랍니다.

(1) 형용사와 동사를 나란히

Dia lancar berbahasa Indonesia. 그/그녀는 인도네시아어를 잘합니다.

(2) 전치사 dengan을 사용하기

Dia berbahasa Indonesia dengan lancar. 그/그녀는 인도네시아어를 잘합니다.

02 **Bagaimana liburan kamu?** 네 방학은 어땠니?

A : Bagaimana liburan kamu? 네 방학은 어땠니?
B : Sangat menyenangkan. 너무 재미있었어요.

bagaimana 의문문

상태 또는 특성에 대해서 물어볼 때 사용하는 bagaimana 의문문입니다. '~어때요?'라고 물어보고 싶을 때 쓰는 bagaimana 의문문은 구어체에서 'gimana'로 줄여서 많이 사용합니다. 다음의 예를 통해서 어떤 상황에서 많이 쓰이는지 알아보겠습니다.

(1) 맛
- Bagaimana rasa makanan ini? 이 음식 맛이 어떤가요?

(2) 색
- Bagaimana warna ini? 이 색깔은 어때요?

(3) 안부
- Bagaimana kabarnya? 어떻게 지내셨어요?

맛과 색에 대한 표현을 알아볼게요.

맛 (rasa)

맛있다	달다	짜다	시다
enak	manis	asin	asam
감칠맛 나다/고소하다	아무 맛도 안 난다	쓰다	맵다
gurih	hambar	pahit	pedas

색 (warna)

빨간색	주황색	노란색	초록색	파란색
merah	oranye	kuning	hijau	biru
보라색	갈색	회색	검은색	하얀색
ungu	cokelat	abu-abu	hitam	putih

참고로 더욱 진한색을 표현하기 위해서는 색깔 뒤에 형용사 tua를, 연한색을 표현하기 위해서는 색깔 뒤에 muda를 씁니다.

- biru <u>muda</u> (하늘색)   biru <u>tua</u> (진한 파란색)
- merah <u>muda</u> (연한 빨강색)   merah <u>tua</u> (진한 빨간색)

03 Bagaimana cara pergi ke rumah sakit? 병원으로 어떻게 가면 돼요?

A : Bagaimana cara berbahasa Indonesia dengan lancar?
인도네시아어를 잘하려면 어떻게 해야 하나요?

B : Kamu harus belajar bahasa Indonesia dengan rajin.
인도네시아어를 열심히 공부해야 돼요.

Bagaimana 의문문과 결합하여 주로 많이 쓰이는 것 중에 하나가 바로 '방법'을 물어볼 때 쓰는 cara입니다. 간단하게 '어떻게 해야 되는데?' '어떤 방법으로 해야 돼?'라고 질문할 때는 'Caranya bagaimana?'라고도 많이 쓰니 참고하세요.

- Bagaimana cara masak ini? 이것은 요리하는 방법이 어떻게 되나요?
- Bagaimana cara pergi ke tempat ini? 이 장소로 가는 방법이 어떻게 되나요?

상대방의 말을 잘 못 들었을 때는 'Bagaimana?'라고 부드럽게 물어보면 됩니다. 'Apa?'도 많이 쓰이지만 예의 없게 들릴 수 있거든요.

04 Bagaimana jika kita pergi ke kafe? 우리 카페에 가는 거 어때?

A : Aduh, kenyang sekali. Bagaimana jika kita pergi ke kafe?
아, 배불러. 우리 카페 가는 거 어때?

B : Bagus sekali! Aku juga mau minum kopi! 좋아! 나도 커피 마시고 싶어.

의문사 'bagaimana'가 '만약'을 의미하는 'jika'와 결합하면 상대방에게 제안하는 문장이 됩니다. 특히 'jika'의 구어체인 'kalau'를 많이 사용하는데요. 다음 예문을 통해 익혀 보겠습니다.

- Bagaimana jika kita makan ini? 이거 먹는 게 어떨까요?
- Bagaimana kalau kita belajar bahasa Indonesia bersama?
우리 함께 인도네시아어 배우는 거 어떨까요?

강조할 문장이 있다면 부사 sekali를 사용해 보세요. '정말, 너무'를 의미합니다.
- Lapar sekali! 너무 배고파!
- Cantik sekali! 너무 예뻐!

01 Mengapa kamu belajar bahasa Indonesia?
왜 너는 인도네시아어를 배우니?

naik	bus
kembali	ke sini
makan	di sini
minum	susu

☐ **naik** 타다　☐ **kembali** 돌아오다　☐ **susu** 우유

02 Bagaimana liburan kamu? 휴가 어땠어?

	lagu ini
	baju dia
Bagaimana	pekerjaan kamu
	kabarnya

☐ **baju** 옷　☐ **pekerjaan** 일, 직업

03 Bagaimana cara pergi ke rumah sakit? 병원으로 어떻게 가면 되나요?

masak	nasi goreng
isi	pulsa
pakai	baju ini
makan	durian

☐ isi 충전하다   ☐ pulsa 통신 요금   ☐ pakai 입다   ☐ durian 두리안

04 Bagaimana jika kita pergi ke kafe? 우리 카페 가는 거 어때요?

saya	antar kamu
kamu	datang ke sini
kita	beristirahat
aku	pakai baju ini

☐ antar 데려다 주다   ☐ beristirahat 쉬다

술술 나오는 **회화**

Ryan : Rini, selamat siang. Mau ke mana?

Rini : Aku mau ke mall.

Ryan : Kenapa kamu pergi ke mall?

Rini : Karena aku mau beli sepatu. Bagaimana foto sepatu ini?

Ryan : Wah keren sekali! Aku juga mau ikut!

Rini : Ayo!

Ryan : 안녕 Rini, 어디에 가?
Rini : 나 몰에 가려고.
Ryan : 몰에는 왜?
Rini : 왜냐하면 신발 사려고. 이 신발 사진 어때?
Ryan : 우와, 멋있다! 나도 갈래!
Rini : 가자!

독학 **Plus**

'Mau ke mana?'는 '어디 가?'라는 의미로, 가족이나 지인을 보면 습관적으로 하는 말입니다. 길가에서 친구를 만났는데 '어디 가?'라고 하는 것처럼 말이죠. 조동사 mau는 '~하고 싶은'의 의미인데, '어디 가고 싶어?'라고 생각할 수도 있지만, 인사말처럼 쓰인다는 걸 알아 두면 좋습니다. 아울러 ikut은 '참여하다', '따르다'의 의미가 있으며, 구어체에서는 '함께 ~할래?' 의미로 쓰입니다.

대화를 듣고 빈칸을 완성하세요. 🎧 Track 20

(1) Ryan : _____?

   Rini : Karena enak sekali.

(2) Ryan : _____?

   Rini : Lagu ini sangat bagus.

(3) Ryan : _____?

   Rini : Ini pedas sekali.

(4) Ryan : _____?

   Rini : Bagus!

다음 문장을 발음에 주의하여 잘 읽어 보세요. 🎧 Track 21

(1) Mengapa kamu belajar bahasa Indonesia?

(2) Karena saya suka budaya Indonesia.

(3) Bagaimana rasa makanan ini?

(4) Bagaimana cara masak makanan ini?

우리말 의미를 참고하여 빈칸에 들어갈 알맞은 단어를 써 보세요.

(1) _____ kamu suka Indonesia? 왜 인도네시아를 좋아하나요?

(2) _____ cara membuat visa? 비자 만드는 방법이 어떻게 되나요?

(3) Bagaimana _____ kita bertemu di mall? 우리 몰에서 만나는 거 어때요?

우리말 문장을 앞에서 배운 어휘와 문형을 이용하여 인도네시아로 말해 보세요.

(1) 인도네시아에 왜 오셨나요?   _____

(2) 오늘 날씨가 어때요?   _____

(3) 이 색깔은 어때요?   _____

(4) 우리 같이 인도네시아어 배우는 거 어떨까요?   _____

 Ryan

Rini, selamat siang. Mau
ke mana?

Aku mau ke mall.

Rini

 Ryan

_____ kamu pergi ke
mall?

_____ aku mau beli
sepatu. Bagaimana foto
sepatu ini? Rini

 Ryan

Wah keren sekali! Aku juga
mau _____!

Ayo!

Rini

음식 (Masakan)

인도네시아 음식 하면 가장 먼저 떠올리는 것이 '나시고렝(Nasi Goreng)'입니다. 사실 나시고렝 외에도 먹을 것이 많습니다. 몇 가지 단어만 알면 인도네시아 음식을 주문하는 것이 아주 쉽습니다. 다음 단어의 조합을 통해 익혀 보도록 할게요.

단어	뜻	단어	뜻	단어	뜻
nasi	밥	goreng	튀김 / 볶음	bebek	오리
bubur	죽	soto	국	sapi	소
mie	면	sate	꼬치	ayam	닭
bakar	구운	babi	돼지	kambing	염소

인도네시아어는 뒤에 있는 단어가 앞 단어를 수식합니다. 단어를 조합해 보면 아래와 같습니다.
nasi goreng[나시 고렝] : 볶음밥 / mie goreng[미 고렝] : 볶음면
ayam goreng[아얌 고렝] : 튀긴 닭(치킨) / ayam bakar[아얌 바까르] : 구운 닭
sate kambing[사떼 깜빙] : 염소 꼬치 / sate ayam[사떼 아얌] : 닭꼬치
soto ayam[소또 아얌] : 닭고기가 들어간 국 / bubur ayam[부부르 아얌] : 닭죽

•인도네시아 사람들이 사랑하는 소스
• 삼발 소스(saus sambal) : 인도네시아식 매운 소스입니다.
• 케찹 마니스(kecap manis) : 달콤한 맛이 나는 소스로, 매우 끈적끈적하며 단맛이 납니다.

•와룽(warung)
길가에 있는 포장마차인데 위생적인 부분이 다소 우려될 수 있어 조심스럽지만, 저렴한 가격에 현지인이 먹는 맛있는 음식을 먹어 볼 수 있습니다.

•빠당 음식(masakan Padang)
우리나라에서 전주 비빔밥집을 어느 지역에서나 볼 수 있듯이, 빠당 지역 음식점도 인도네시아의 어디서나 볼 수 있습니다. 자리에 앉기에 무섭게 갖가지 음식이 차려지는데요. 본인이 먹은 음식에 한해서만 지불하기 때문에, 안 먹는 음식은 놔둬야 합니다. 대부분 매운 음식이 많기 때문에 한국인의 입맛에 잘 맞습니다.

•패스트 푸드점에 밥이 있다!
패스트 푸드점에 가면 밥과 함께 구성된 세트 메뉴가 있습니다. 치킨 한 조각과 밥을 같이 먹는 모습이 신기하게 느껴질 수도 있으나, 의외로 잘 어울리는 조합이니 한번 드셔 보세요.

UNIT 05

Mau ke mana?

어디 가요?

이번 단원에서
배울 것이
뭐죠?

- 장소 전치사
- '~에 있어요'(ada di 장소)
- 방향 표현

알아 두면 좋은 표현!

Gua / Gue
Lo / Lu

gua/gue는 saya/aku, 즉 '나'를 지칭할 때 쓰이고요. lo/lu는 Anda/kamu, 2인칭인 '당신'을 뜻합니다.
처음부터 쓰면 친근감 있게 보일 수도 있지만 예의없게 보일 수도 있어서 웬만하면 친분이 쌓였을 때 사용하
면 좋습니다.

Gua nggak ngerti maksud lu. 나는 네가 무슨 소리를 하는지 모르겠어.

Mau ke mana?
어디 가요?

Ryan : Halo Rini. Hari ini kamu mau ke mana?

Rini : Aku belum tahu. Kamu lagi di mana?

Ryan : Aku lagi di dekat kafe M.

Rini : Oh, aku tahu kafe itu. Bagaimana kalau kita pergi ke warnet?

Ryan : Warnet? Warnet itu di mana?

Rini : Warnet ada di dekat kampus kita.

Ryan : Bagaimana cara pergi ke warnet dari kampus?

Rini : Belok kiri dari kampus.

Warnet ada di antara restoran dan rumah sakit.

Ryan : Oke. Kita bertemu di warnet jam 3:00 ya.

Rini : Oke. Sampai nanti.

Ryan : 안녕 Rini. 오늘 어디 가?
Rini : 아직 모르겠어. 넌 지금 어딘데?
Ryan : 난 지금 M 카페 근처에 있어.
Rini : 오, 나 그 카페 알아. 오늘 PC방 가는 거 어때?
Ryan : PC방? 그 PC방 어디에 있는데?
Rini : 우리 학교 근처에 있어.
Ryan : 학교에서부터 어떻게 가야 하는데?
Rini : 학교에서 좌회전하면 돼. 식당하고 병원 사이에 있어.
Ryan : 그래. 그럼 우리 PC방에서 3시에 만나자.
Rini : 그래 이따 봐.

□ belum tahu 아직 모르겠다   □ warnet PC방

01 **Mau ke mana?** 어디 가?

A : Hei, Ryan. Selamat malam! 야, Ryan. 안녕!
B : Malam juga. Mau ke mana? 안녕. 어디 가?
A : Aku mau pergi ke mall. Mau ikut? 나 지금 몰 가는데. 같이 갈래?
B : Teman aku juga ada di mall. Ayo! 내 친구도 몰에 있대. 가자!

● 장소를 물어볼 때 쓰는 mana

장소를 물어볼 때 쓰는 mana는 독립적으로 쓰이지는 않고, 위 문장에서 보듯이 전치사와 함께 쓰입니다. 그러면 mana와 함께 결합하는 3가지의 전치사를 알아볼까요?

(1) di mana? : di는 영어의 'at, on, in'의 의미입니다. '어디에요?'라고 물을 때 사용합니다.
(2) ke mana? : ke는 영어의 'to'의 의미입니다. '어디로 가요?'라고 물을 때 사용합니다.
(3) dari mana? : dari는 영어의 'from'의 의미입니다. '어디에서 왔어요?'라고 물을 때 사용합니다.

위에서 배운 di mana, ke mana, dari mana는 간단하게 인사말로 쓸 수 있는 표현이니 적재적소에 사용해 보세요! 참고로 'mau (pergi) ke mana?'에는 '가다'를 의미하는 pergi라는 동사가 생략돼 있으나, ke라는 전치사가 있기 때문에 위와 같이 간단하게 쓰입니다.

02 **Teman aku juga ada di mall.** 내 친구도 몰에 있어.

A : Aku baru sampai di Medan. 나 방금 메단에 도착했어.
B : Oh ya? Teman aku juga ada di Medan. 오 그래? 내 친구도 메단에 있어.

'있다'라는 의미의 동사 'ada'는 전치사 'di'와 결합하여 '~에 있다'로 쓰입니다. 여기서 '있다'는 '소유하다'가 아닌 '위치하다'의 의미입니다. 이렇게 특정 전치사와 결합하여 쓰는 동사들의 경우, 전치사와 함께 익혀 두면 더욱 외우기 쉽습니다.

● 주어 + ada di + 장소

• Saya ada di Jakarta. 저는 자카르타에 있습니다.
• Laptop aku ada di tas. 제 노트북은 가방에 있습니다.
• Kucing ada di luar. 고양이는 밖에 있습니다.
• Seoul ada di Korea. 서울은 대한민국에 있습니다.

03 **Tolong belok kiri!** 좌회전해 주세요!

A : Selamat sore. Mau ke mana? 안녕하세요. 어디로 가세요?

B : Saya mau ke rumah sakit. Nanti tolong belok kiri di depan lampu merah.
병원에 갑니다. 이따가 신호등에서 좌회전 부탁드릴게요.

A : Siap. 알겠습니다.

위치 및 방향에 관련된 어휘를 익혀 보도록 하겠습니다.

> atas 위 / bawah 아래 / depan 앞 / belakang 뒤 / kiri 왼쪽 / kanan 오른쪽 /
> dalam 안 / luar 밖 / sebelah, samping 옆 / antara A dan B A와 B 사이 / tengah 가운데 /
> dekat 가까이 / seberang 건너편

인도네시아에서는 택시를 탈 일이 많습니다. 따라서 방향과 관련된 표현을 필수로 익혀야 하는데요. 다음의 예문을 통해서 살펴보도록 하겠습니다. 특히 '~쪽'을 의미하는 'sebelah', 그리고 '좌회전/우회전' 할 때 쓰는 'belok'을 헷갈리지 않게 주의하세요.

- Saya mau turun di sebelah kanan. 저는 오른쪽에 내리고 싶어요.
- Tolong belok kanan di sana. 저쪽에서 우회전해 주세요.

72

04 **Adik aku ada di antara ibu dan aku.** 내 동생은 엄마와 나 사이에 있어요.

A : Wah kapan foto ini diambil? Apakah ini kamu? 와 이 사진 언제 찍은 거야? 이게 너야?

B : Ya. Ini aku. Adik aku ada di antara ibu dan aku.
응. 이게 나야. 내 동생은 엄마와 나 사이에 있어.

앞서 〈주어 + ada di + 장소〉 형태를 배웠는데요. 위치/방향 관련 표현을 배웠으니 응용해서 다음과 같은 형태도 익혀 보도록 하겠습니다.

Kucing ada di bawah meja.
고양이는 책상 아래에 있습니다.

Dompet saya ada di dalam kantong celana.
제 지갑은 바지 주머니 안에 있습니다.

Apotek ada di antara rumah sakit dan restoran.
약국은 병원과 식당 사이에 있습니다.

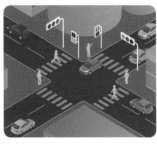

Saya mau turun di depan lampu merah.
저는 신호등 앞에서 내리고 싶습니다.

☐ turun 내리다   ☐ tolong 부탁하다   ☐ kantong 주머니   ☐ celana 바지   ☐ apotek 약국
☐ rumah sakit 병원   ☐ lampu merah 신호등

01

Kamu ke mana? 너 어디 가니?

di	mana
dari	

02

Teman aku juga ada di mall. 내 친구도 몰에 있어.

Suami aku	kafe
Dia	Jakarta
Ibu aku	kampung
Adik aku	rumah

□ **suami** 남편　　□ **kafe** 카페　　□ **kampung** 시골　　□ **adik** 동생

03

Tolong belok kiri! 좌회전해 주세요!

Tolong	belok kanan
	putar balik
	berhenti
	parkir di sini

□ **belok kanan** 우회전   □ **putar balik** 유턴   □ **berhenti** 멈추다
□ **parkir** 주차하다

04

Adik saya **ada di** antara ibu dan saya.
제 동생은 엄마와 저의 사이에 있습니다.

Nenek saya	antara kakek dan bapak saya
Teman aku	bawah meja
Restoran Korea	depan mall
Kue	dalam kulkas

□ **nenek** 할머니   □ **kakek** 할아버지   □ **kue** 케이크, 빵, 쿠키   □ **kulkas** 냉장고

술술 나오는 **회화**

Ryan :	Rini! Mau ke mana?
Rini :	Aku mau ke restoran. Mau ikut?
Ryan :	Oke. Ayo naik taksi.
Sopir taksi :	Selamat siang. Mau ke mana?
Ryan :	Kami mau ke restoran ABC.
	Nanti tolong belok kanan di depan lampu merah ya.
Sopir taksi :	Siap.

Ryan : Rini! 어디 가?
Rini : 나 식당 가려고. 너도 갈래?
Ryan : 그래. 택시 타자.
택시 기사 : 안녕하세요. 어디로 가세요?
Ryan : 저희 ABC 식당으로 가려고요. 이따가 신호등 앞에서 우회전해 주세요.
택시 기사 : 알겠습니다.

 독학 Plus

Ayo는 '~하자'를 의미하는 표현입니다. 영어로는 Let's~로 쓰이죠. '밥 먹읍시다'라는 문장을 통해 다양한 표현을 익혀 보겠습니다.

- Ayo : Ayo kita makan! (구어체)
- Mari : Mari kita makan! (문어체)
- Yuk : makan yuk! (구어체)
 *이때 yuk은 [요]로 발음합니다.

🎧 **듣기** 대화를 듣고 빈칸을 완성하세요. 🎧 Track 24

(1) Ryan : _____?

    Rini : Aku mau ke rumah sakit.

(2) Ryan : Kamu ada di mana?

    Rini : _____.

(3) Ryan : _____.

    Rini : Siap.

(4) Ryan : Apotek ada di mana?

    Rini : _____.

📖 **읽기** 다음 문장을 발음에 주의하여 잘 읽어 보세요. 🎧 Track 25

(1) Mau ke mana?

(2) Kucing aku ada di atas meja.

(3) Ibu saya ada di depan rumah.

(4) Saya mau turun di sebelah kanan.

✏️ **쓰기** 우리말 의미를 참고하여 빈칸에 들어갈 알맞은 단어를 써 보세요.

(1) Rumah sakit _____ di mana? 병원이 어디에 있나요?

(2) HP kamu ada di _____ kursi. 네 휴대폰은 의자 아래에 있어.

(3) Nanti tolong _____ kanan di depan kantor pos.
    이따가 우체국 앞에서 우회전해 주세요.

📢 **말하기** 우리말 문장을 앞에서 배운 어휘와 문형을 이용하여 인도네시아로 말해 보세요.

(1) 어디 가요? _____

(2) 자카르타는 인도네시아에 있습니다. _____

(3) 병원은 저희 집과 식당 사이에 있습니다. _____

(4) 우리 택시 타자! _____

Ryan

Rini! mau ke mana?

Aku mau ke restoran.
Mau _____?

Rini

Ryan

Oke. _____ naik taksi.

Selamat siang. Mau ke
mana?

Sopir taksi

Ryan

Kami mau ke restoran
ABC. Nanti tolong _____
kanan di depan lampu
merah ya.

Siap.

Sopir taksi

음료 (Minuman)

인도네시아 식음료에 적응되기 시작하면 무섭게 살이 찌는 분들이 있습니다. 식음료에 설탕이 많이 들어가기 때문입니다. 음식을 적게 먹었더라도, 더운 날씨 때문에 단맛이 생각난다고 해서 자스민 향이 나는 달콤한 차, 에스 떼 마니스(Es teh manis)를 마시다 보면 어느새 살찐 본인의 모습을 발견하게 될 겁니다. 실제로 편의점에서 판매하는 대부분의 차를 구매하더라도, 굉장히 단맛이 납니다. 그만큼 인도네시아 사람들은 식후에 단 음료를 많이 마십니다.

다만 요즘에는 건강을 생각하여 이와 같은 단 음료 대신 꿀이 들어간 음료, 또는 비타민이 들어간 기능성 음료를 선호하는 사람들이 많아졌습니다.

더운 나라이기 때문에 수분 보충이 필수적이기 때문에 물을 많이 마셔야 하지만, 수돗물은 석회수이기 때문에 절대로 마시면 안 됩니다. 심지어 이를 닦을 때에도 수돗물을 이용하지 않고, 치아 건강을 위해 생수를 항상 비치해야 합니다.

• 물은 무료가 아니다

인도네시아에서는 물이 무료가 아닙니다. 생수는 air putih[아이르 뿌띠]라고 하며, 물을 주문하면 "Yang biasa atau dingin?"이라고 질문합니다. 이는 "그냥 생수 드릴까요, 아니면 차가운 것으로 드릴까요?"라는 의미입니다. 너무 더워서 얼음을 항상 넣어서 드시는 분들도 많습니다. 이때는 "Pakai es.(얼음 넣어 주세요.)"라고 하면 됩니다. 하지만 더운 나라이고, 얼음이나 물을 통해서 질병이 많이 생기기 때문에 정말 믿을 만한 식당이 아니면, 얼음은 자제하는 편이 좋습니다.

• 다양한 과일 주스

인도네시아에는 다양한 과일이 있습니다. 우리나라에서 비싸게 구매하는 과일, 특히 망고스틴, 망고, 두리안 등을 저렴한 가격에 먹을 수 있습니다. 때문에 음식점에서도 이러한 과일을 이용한 주스를 다양하게 이용할 수 있는데요. 특히 아보카도 주스(jus alpukat)를 추천하고 싶습니다. 영양분도 풍부하며, 마시고 나면 포만감이 꽤 오래 지속됩니다. 때문에 식사를 하고 마시는 것보다는 배고플 때 한 잔 마시는 것이 좋습니다. 살 찌잖아요.

UNIT 06

Sudah makan?

밥 먹었어요?

이번 단원에서
배울 것이
뭐죠?

- 시간 조동사
- lagi 표현

 알아 두면 좋은 표현!

Makan yuk! 밥 먹자!

'~하자'라고 권유할 때는 'mari' 또는 'ayo'를 씁니다.
'ayo'에서 온 yuk 또한 '~하자'라는 표현인데요. 그래서 yuk을 [육]이라고 읽지 않고, [요]라고 발음합니다.

* '가자!'라고 말하고 싶을 때도 동사 'pergi'가 아닌, 'yuk!'을 사용하면 됩니다.
* 커피 마시러 가자고 할 때는 'Ngopi yuk!'라고 하면 됩니다.

Aku pernah makan di restoran.

식당에서 먹어 본 적 있어요.

 Track 26

Rini : Ibu, aku lapar sekali. Aku belum makan dari kemarin malam.

Ibu : Kamu lagi diet, kan?

Rini : Ya⋯. Tapi kemarin aku makan ubi doang.

Ibu : Oh begitu, kamu mau makan apa?

Rini : Gado-gado bagaimana?

Ibu : Kamu pernah makan gado-gado?

Rini : Ya, aku pernah makan di restoran.

Ibu : Oh begitu⋯. Tapi aku belum pernah masak gado-gado.

Rini : Ya⋯. Bagaimana ya. Kita makan di luar saja.

Ibu : Oke. Aku siap-siap dulu ya.

Rini : Oke. Aku juga masih belum mandi. Kita berangkat jam 12 ya.

Rini : 엄마, 저 너무 배고파요. 어젯밤부터 아무것도 못 먹었어요.
Ibu : 너 지금 다이어트 중이잖아?
Rini : 맞아요⋯. 하지만 어젯밤에 고구마만 먹었어요.
Ibu : 아 그렇구나, 뭐 먹고 싶니?
Rini : 가도가도 어때요?
Ibu : 너 가도가도 먹어 봤니?
Rini : 네, 식당에서 먹어 봤어요.
Ibu : 아 그렇구나⋯. 그런데 나 가도가도 요리해 본 적 없는데.
Rini : 아⋯. 어쩌죠. 그냥 우리 밖에서 먹어요.
Ibu : 그래, 준비 먼저 할게.
Rini : 네. 저도 아직 목욕 안 했어요. 12시에 출발해요 우리.

□ **ubi** 고구마   □ **doang** 그저, 오직, ~뿐(hanya, saja와 같지만 문장의 마지막에 위치)
□ **siap-siap**(= **bersiap**) 준비하다   □ **masih belum~** 아직 ~을 못 했다

01 **Apakah kamu sudah makan?** 밥 먹었어?

A : Apakah kamu sudah makan? 밥 먹었어?
B : Aku belum makan. Kamu belum makan juga? 아직 안 먹었어. 너도 아직 못 먹었어?
A : Belum, ayo kita makan bersama! 못 먹었어, 같이 밥 먹으러 가자!
B : Ayo! 그래!

시간 조동사 sudah / belum

시간 조동사 sudah는 '이미, 이미 ~한' 그리고 belum은 '아직, 아직 ~못 한'의 의미로 쓰입니다. 두 단어 모두 대답으로 간단히 쓸 수도 있습니다. 예를 들어 'Sudah makan?(밥 먹었어?)'라고 질문을 받았을 때, 이미 먹었으면 'sudah', 아직 못 먹었으면 'belum'이라고 대답하면 됩니다.

인도네시아 사람들과 대화를 하다 보면 'udah'라는 말을 많이 듣곤 하는데요. 'sudah'를 'udah'로 줄여서 많이 사용합니다. 처음에는 어색한데 사용하다 보면 금방 익숙해질 거예요. 문어체는 telah를 사용합니다.

02 **Apakah kamu pernah ke pulau Bali?** 발리 섬에 가 본 적이 있어?

A : Apakah kamu pernah ke pulau Bali? 발리 섬에 가 본 적이 있어?
B : Belum pernah. Aku akan ke pulau Bali tahun depan.
안 가 봤어. 내년에 발리 섬에 갈 거야.

시간 조동사 pernah

경험을 표현할 때는 시간 조동사 pernah를 사용합니다. pernah도 sudah/belum과 마찬가지로 경험해 본 적이 있으면 'pernah'라고 말하는데요. 경험 유무를 구체적으로 표현하기 위해 앞의 sudah/belum과 결합해서 표현할 수 있습니다.

- Sudah pernah. 이미 해 본 적 있어요.
- Belum pernah. 아직 해 본 적 없어요.

□ pulau 섬   □ tahun depan 내년

03 **Aku lagi di jalan!** 나 가는 중이야!

A : Kamu lagi di mana? 너 지금 어디야?

B : Aku lagi di jalan. Tunggu sebentar ya! 나 지금 가는 중이야. 조금만 기다려!

'더'를 의미하는 lagi가 쓰여 당황하신 분들도 계실 거예요. 원래는 '~하는 중이야'를 의미하는 'sedang'을 쓰는 게 문법적으로 맞지만, 보통 많이 쓰는 표현은 lagi입니다. '더'를 의미하는 lagi는 문장의 맨 마지막에 쓰입니다.

(1) lagi가 조동사 위치에서 쓰인 경우 (지금)

• Kamu lagi makan apa? 너 지금 뭐 먹니?

• Aku lagi makan mie goreng. 나 지금 미고렝 먹어.

(2) lagi가 부사 위치에서 쓰인 경우 (다음에, 더)

• Aku mau makan lagi! 나 더 먹고 싶어!

• Sampai jumpa lagi! 다음에 만나요!

독학 Plus

'너 지금 뭐 해?'라고 묻고 싶을 때는 'Kamu sedang(lagi) apa?' 또는 'Kamu lagi ngapain?'을 많이 사용합니다. 참고로 ng는 [응]으로 읽지만 거의 발음되지 않습니다.

---

04 **Aku mau pulang nanti malam.** 난 이따 밤에 돌아갈 거야.

A : Apakah kamu masih bekerja? 너 아직 일하니?

B : Ya. Aku mau pulang nanti malam. 응, 난 이따 밤에 돌아갈 거야.

● **시간 조동사 masih**

'아직 ~하다'는 의미로 영어의 'still'과 의미가 같습니다. 앞서 배운 'sedang'과 헷갈릴 수도 있는데요. 'sedang'은 '현재 ~하는 중이다'이기 때문에 의미상으로 비슷하지만 약간의 차이가 있습니다.

• Aku masih muda. 난 아직 어려.

• Aku sedang makan. 난 먹는 중이야.

● **시간 조동사 mau**

보통 'akan'도 많이 쓰지만 앞서 '~을 하고 싶다'로 쓰이는 'mau'도 많이 씁니다. 다만 여기서는 '~을 원하다'가 아닌, '~할 것이다'의 의미로 쓰이는데요. 두 의미가 헷갈린다면 문맥의 의미를 생각해 보면 됩니다.

• Aku (mau/akan) tidur jam 11. 난 11시에 잘 거야.

단어 및 표현

식당 혹은 카페를 갔을 때 많이 쓰는 단어와 표현을 익혀 봅시다.

단어	뜻	단어	뜻
rumah makan	식당(작은 식당)	restoran	식당
warung	노점	kafe	카페
sarapan	아침 식사	makan siang	점심 식사
makan malam	저녁 식사	makanan penutup	디저트
garpu	포크	sendok	숟가락
pisau	나이프	sumpit	젓가락
mangkok	그릇	piring	접시
tisu	티슈	tisu basah	물티슈
kopi	커피	kopi hitam	블랙커피
kopi susu	카페라떼	jus	주스
bir	맥주	es krim	아이스크림

예문	뜻
Boleh lihat (menu/daftar makanan)?	메뉴판 좀 볼 수 있을까요?
Saya mau pesan ~.	저는 ~을 주문하고 싶습니다.
Minta satu porsi.	1인분 주세요.
Minta sendok dan garpu.	숟가락과 포크 주세요.
Minta satu lagi.	하나 더 주세요.
Minta air dingin.	찬 물 주세요.
Tidak pakai es.	얼음 넣지 마세요.
Minta (bon/bill).	영수증 주세요.
Saya mau bayar.	계산해 주세요.

01 Apakah kamu sudah makan? 너 식사했니?

sudah	bangun
	mandi
belum	tidur
	datang

☐ **bangun** 일어나다 ☐ **mandi** 씻다

02 Apakah kamu pernah ke pulau Bali? 너 발리 섬에 가 봤니?

pernah	makan sate ayam
	datang ke Korea
	menonton film Indonesia
	naik ojek

☐ **sate ayam** 닭꼬치 ☐ **menonton film Indonesia** 인도네시아 영화를 보다
☐ **naik ojek** 오젝을 타다 *오젝(오토바이를 이용한 교통수단)

03 Aku lagi di jalan! 나 가는 중이야!

Dia	makan siang
Beliau	di mall
Teman aku	minum bir
Ibu saya	masak

☐ **makan siang** 점심 ☐ **minum bir** 술을 마시다

04 Aku mau pulang nanti malam. 난 이따가 집에 돌아가려고.

masih	bekerja
	lapar
mau	tidur nanti malam
	pulang sesudah jam 8 malam

☐ **sesudah jam 8 malam** 저녁 8시 이후

Ryan : Rini, kamu sudah makan?

Rini : Aku belum makan. Kamu bagaimana?

Ryan : Aku juga belum makan. Makan yuk!

Rini : Oke. Kita makan apa?

Ryan : Bagaimana kalau restoran Korea?

Kemarin aku pernah makan di mall, enak sekali!

Rini : Oh ya? Bagaimana kalau kita bertemu di depan mall jam 2:00?

Ryan : Oke, sampai nanti!

Ryan : Rini, 밥 먹었어?

Rini : 아직 못 먹었어. 넌 먹었어?

Ryan : 나도 아직 못 먹었어. 먹으러 가자!

Rini : 그래. 우리 뭐 먹지?

Ryan : 한국 음식점 어때? 저번에 몰에서 먹어 본 적이 있는데, 엄청 맛있더라고!

Rini : 오 그래? 그럼 우리 2시에 몰 앞에서 만나는 거 어때?

Ryan : 좋아, 이따 보자!

독학 Plus

'이따 보자'라는 표현을 'sampai nanti'라고 하는데요. sampai가 동사로 쓰일 때는 전치사 di와 결합하여 'sampai di'로 쓰고 '~에 도착하다'가 됩니다. 또한 전치사로 쓰일 때는 '~까지'의 의미로도 쓰입니다.

(1) sampai가 동사일 때
- Aku sudah sampai di rumah. 나 집에 도착했어.
- Dia sudah sampai di Jakarta. 그/그녀는 자카르타에 도착했어.

(2) sampai가 전치사일 때
- Aku akan bekerja di Jakarta sampai tahun depan. 나는 자카르타에서 내년까지 일할 거야.
- Dia minum bir sampai mabuk. 그/그녀는 취할 때까지 술을 마셨다.

대화를 듣고 빈칸을 완성하세요. Track 28

(1) Ryan : _____ ?

　　Rini :　Aku belum makan karena sibuk bekerja.

(2) Ryan : Apakah kamu pernah makan nasi goreng?

　　Rini :　_____ .

(3) Ryan : _____ ?

　　Rini :　Ya. Aku bangun jam 7 pagi.

(4) Ryan : Kapan kamu pulang ke rumah?

　　Rini :　_____ .

다음 문장을 발음에 주의하여 잘 읽어 보세요. Track 29

(1) Aku belum tidur.

(2) Saya belum pernah ke pulau Bali.

(3) Aku lagi di jalan.

(4) Dia mau pulang nanti malam.

우리말 의미를 참고하여 빈칸에 들어갈 알맞은 단어를 써 보세요.

(1) Dia _____ pernah ke Korea. 그/그녀는 한국에 못 가봤다.

(2) Apakah kamu _____ di jalan? 너 지금 가는 중이니?

(3) Aku _____ makan. 나 아직 밥 먹고 있어.

우리말 문장을 앞에서 배운 어휘와 문형을 이용하여 인도네시아로 말해 보세요.

(1) 그/그녀는 잠을 못 잤어.　　　　　_____

(2) 나는 인도네시아어를 공부하는 중이야.　_____

(3) 너 아직 밥 먹고 있니?　　　　　_____

(4) 나는 내년에 한국에 갈 거야.　　　_____

Ryan

Rini, kamu sudah makan?

Aku belum makan.
Kamu _____?
Rini

Ryan

Aku juga belum makan.
Makan _____!

Oke. Kita makan apa?
Rini

Ryan

Bagaimana kalau restoran
Korea? Kemarin aku _____
makan di mall, enak sekali!

Oh ya? Bagaimana
_____ kita bertemu di
depan mall jam 2:00?
Rini

Ryan

Oke, _____ nanti!

예절 (Etika)

 인도네시아 사람들은 대부분 여유가 있고, 외국인들에게 친절하며 타인의 시선을 크게 신경 쓰지 않습니다. 또한 나이가 많고 적음에도 불구하고 '친구(teman)'라고 부르며, 인도네시아 표준어에는 높임말이 따로 없습니다(지방어에는 높임말이 존재하는 경우가 있습니다). 그래서 편하게 인도네시아 사람들을 대할 수 있지만, 아래와 같은 기본적인 예절에 대해서는 알아 두는 게 좋습니다.

악수할 때는 오른손
 인도네시아에서는 화장실에서 왼손으로 뒷처리를 합니다. 때문에 악수를 하거나 물건을 건네줄 때는 오른손을 사용해야 합니다.

악수하고 난 뒤, 오른손을 가슴에 대기
 인도네시아에서는 경의의 표시로 오른손으로 악수를 나눈 뒤에, 다시 오른손을 본인 가슴에 살짝 갖다 댑니다.

성별이 다를 때 하는 인사
 성별이 다를 경우, 특히 상대방이 여성 무슬림일 경우에는 손가락이 간신히 닿을 정도로 악수를 하거나, 혹은 합장을 하는 것으로 인사를 대신합니다.

아이들의 머리 만지지 않기
 인도네시아 사람들은 머리가 영혼이 드나드는 곳이라고 생각하기 때문에, 아이가 귀엽다고 해서 함부로 머리를 만지는 행동은 불쾌함을 유발할 수 있습니다.

아이들의 인사
 아이들은 어른에게 인사할 때 존경의 의미를 담아 어른의 손등을 본인의 이마에 갖다 댑니다.

시간 약속
 인도네시아에서 가장 많이 듣는 단어가 '나중에'의 의미를 가진 'nanti'입니다. 뭔가 주문을 하거나, 약속 시간을 물을 때 'nanti'라고 말한다면 '나중에'가 아닌 거절의 의미로 봐도 좋습니다. 거절하는 것을 무례하다고 생각하기 때문에, 그냥 '나중에'라고 말하는 경우가 많기 때문입니다.

예복
 관공서에 방문할 때에는 셔츠를 입어야 하며, 특히 반바지를 입거나 발가락이 보이는 신발을 신을 경우 출입이 제한됩니다. 펍(pub)에 갈 때도 샌들을 신은 경우에는 출입이 제한될 수도 있으니 이 부분을 항상 염두에 둬야 합니다.

금식 기간
 금식 기간에 주위에 무슬림이 금식을 하고 있는 경우, 본인이 무슬림이 아니라고 할지라도 대놓고 음식을 먹는 행위는 좋지 않습니다. 물론 음식을 아예 먹지 않을 수는 없지만, 혹시라도 이런 경우에는 최대한 양해를 구하고 먹는 것이 좋습니다.

LUWAK COFFEE

UNIT 07

Aku harus diet!

난 다이어트해야 돼!

이번 단원에서 배울 것이 뭐죠?

- 조동사 harus, perlu
- 동사 tambah(더 ~해지다)
- 접속사 sebelum / sesudah
- 부정 명령어 jangan

알아 두면 좋은 표현!

Habis ~한 후에

'~한 후에'를 표현할 때는 접속사 'sesudah'를 사용하는데요. 더욱 많이 쓰는 표현은 habis입니다. 원래 habis는 '다 써버린'의 의미이지만, '~한 후에'의 의미로 많이 사용됩니다.

- **habis makan** 밥 먹고 나서
- **habis kuliah** 수업 끝나고 나서

회화

Aku harus diet mulai hari ini!

나 오늘부터 다이어트해야겠어!

Rini :	Aduh bagaimana nih!
Ryan :	Kaget! Ada apa?
Rini :	Aku tambah gendut. Berat badanku naik lagi!
Ryan :	Masa? Kamu selalu diet kan?
Rini :	Ya⋯. Tapi kemarin aku makan ayam goreng sebelum tidur.
Ryan :	Jangan makan sesuatu sebelum tidur!
Rini :	Kesal sekali⋯. Aku harus diet mulai hari ini!
Ryan :	Semoga diet kamu berhasil. Aduh, aku lapar sekali.
	Aku pergi makan dulu ya.
Rini :	Kamu mau makan apa?
Ryan :	Kenapa tanya? Kamu lagi diet kan? Aku mau makan mie goreng.
Rini :	Oke. Aku mulai diet besok saja.

Rini : 아 어떡하지!
Ryan : 깜짝이야! 무슨 일이야?
Rini : 나 또 살쪘어. 몸무게가 또 올라갔어!
Ryan : 그럴 리가? 너 매일 다이어트하잖아.
Rini : 맞아⋯. 하지만 어젯밤에 자기 전에 치킨 먹었어.
Ryan : 자기 전에 뭐 먹지 마!
Rini : 진짜 짜증 나⋯. 오늘부터 다이어트해야겠어!
Ryan : 다이어트 꼭 성공하길 빌어. 아이고, 나 엄청 배고프다. 나 나가서 먼저 먹을게.
Rini : 너 뭐 먹을 건데?
Ryan : 왜 물어봐? 너 다이어트 중이잖아? 나는 미고렝 먹을 거야.
Rini : 오케이, 다이어트는 내일부터 해야겠다.

□ **tambah gendut** 살 찌다 　□ **berat badan** 몸무게 　□ **jangan** ~하지 마(명령형)
□ **kesal** 짜증이 난, 기분이 나쁜

01 **Aku harus diet!** 난 다이어트해야만 해!

A : Aku harus diet! 난 다이어트해야만 해!

B : Kenapa? Kamu masih langsing! 왜? 너 여전히 말랐어!

● 조동사 harus

'의무'에 대해서 표현할 때 사용하는 조동사 'harus'는 'wajib/mesti' 등의 표현과 같이 쓰입니다. 하지만 구어체와 문어체 모두 많이 쓰이는 대표적인 조동사는 'harus'이므로 이 표현을 위주로 익혀 보도록 하겠습니다.

- Aku harus bekerja di Indonesia! 난 인도네시아에서 일해야만 해!
- Kamu harus berolahraga setiap hari! 넌 매일 운동해야만 해!
- Apakah aku harus belajar bahasa Indonesia? 내가 꼭 인도네시아어 배워야 돼?
- Kamu harus naik kereta untuk pergi ke Surabaya. 너 수라바야로 가려면 반드시 기차를 타야 해.

02 **Aku tambah gendut.** 나 살 더 쪘어.

A : Apakah kamu sedang diet? 너 다이어트 중이야?

B : Ya, aku tambah gendut. Kamu makan dulu saja. 응, 나 살 쪘어. 그냥 너 먼저 먹어.

● tambah

'더하다, 더하기'의 의미로 tambah는 동사나 형용사의 앞에 사용됨으로써 '추가'의 의미를 나타냅니다. 다음 예문과 같이 사용됩니다.

- Kamu tambah cantik! 너 더 예뻐졌다!
- Dia tambah ganteng! 걔는 더 잘생겨졌어!

□ **berolahraga** 운동하다　　□ **setiap hari** 매일

03 **Kamu tidak perlu diet!** 넌 다이어트할 필요 없어!

A : Kamu tidak perlu diet! 넌 다이어트할 필요 없어!
B : Baju ini tidak muat…. 이 옷이 안 맞아….

● 조동사 perlu

조동사 perlu는 '~할 필요가 있는'의 의미로 사용됩니다. '필요 없어'라고 말할 때는 'tidak perlu'라고 말하면 됩니다. 필요 없다고 말할 때 'tidak usah'도 많이 사용하는데요. 여기에서 'usah'는 부정어에만 붙어서 쓰입니다. 다시 말해서 'usah'는 독립적으로 '필요한'의 의미로 사용되지는 않는다는 점 참고해 두세요.

- Aku **perlu** belajar bahasa Indonesia. 나는 인도네시아어를 배워야 할 것 같아.
- Kamu **tidak usah** datang ke sini. 넌 여기에 올 필요 없어.
- **Perlu** berapa banyak? 얼마나 많이 필요해요?

04 **Jangan makan sesuatu sebelum tidur!** 자기 전에 뭐 먹지 마!

A : Sepertinya aku sakit perut…. 나 배가 아픈 것 같아….
B : Jangan makan sesuatu sebelum tidur! 자기 전에 뭐 먹지 마!

● 부정 명령어 jangan

'~하지 마!'라고 표현할 때는 부정 명령어 jangan을 씁니다. 문장의 가장 앞에 위치하며 뒤에 특정 행위를 붙임으로써 부정 명령문을 만들 수 있는데요. 다음의 예문을 통해서 익혀 보도록 하겠습니다.

- **Jangan** menyerah! 포기하지 마!
- **Jangan** ganggu! 괴롭히지 마!

● 접속사 sebelum

앞서 시간 조동사 belum에 대해서 익혀 봤는데요. 'sebelum'도 마찬가지로 '~하기 이전에'라는 의미가 있습니다. 당연히 'sesudah'는 '~한 이후에'의 의미겠죠? 예문을 통해서 익혀 보도록 하겠습니다.

| Aku mau mandi | sebelum | makan | 나는 밥 먹기 전에 씻을래 |
| | sesudah | | 나는 밥 먹고 나서 씻을래 |

- Aku akan pulang ke Korea **sebelum** bulan Februari. 나는 2월 전에 한국에 갈 거야.
- Mari kita bertemu **sebelum** jam makan siang. 우리 점심 식사 시간 전에 만나자.
- Aku tidur **sesudah** membaca buku. 난 책을 읽은 후에 자.

표현

실제로 인도네시아인들이 많이 사용하는 표현들을 다음과 같이 정리해 봤습니다. 연습해서 사용해 보세요.

예문	뜻
Biasa aja.	'aja'는 'saja'의 줄임말로 뜻을 한정하는 의미입니다. 이 문장은 '그저 그래'라는 의미고요. 문맥에 따라 차이는 있지만 'aja'는 '그냥' '오직'의 의미로 많이 쓰입니다.
Nah, itu dia!	직역하면 '아, 저게 그/그녀야!'인데요. 그게 아니라 '거봐, 맞다니까!', '그거라니까!'의 의미로 쓰이는 표현입니다. 상대방이 의미를 정확히 알아챘을 때 쓰입니다.
Maksudnya?	의미를 제대로 파악하지 못 했을 때 '뭐라고?'의 의미로 쓰이는 표현입니다. 의문사 'apa'와 결합하여 'Maksudnya apa?'로 많이 쓰입니다.
Terus gimana?	'그래서 더 어쩌자고?'의 의미로 쓰이는 표현입니다. 뒷 내용이 궁금하거나 말을 돌려서 하는 사람에게 쓸 수 있는 표현이죠.
Bisa kok!	'할 수 있지!'라는 의미입니다. 'kok'은 확신에 차서 얘기할 때, 혹은 표현하고자 하는 바를 강조할 때 쓰이는 강조사입니다. 예) Kok, kenapa sih? : 도대체 왜 그러지?
Minta diskon dong.	'좀 깎아 주세요'라는 의미입니다. 강조사 'dong'은 전달하고자 하는 의미를 조금 부드럽게 전달할 때 쓰는 표현입니다. 예) Jangan gitu dong : 에이, 그러지 마.
Apa sih?	'도대체 뭐야?'라는 의미입니다. 보통 'sih'가 붙으면 '도대체' 혹은 '~하다니까'의 의미로 많이 쓰입니다. 예) Enak sih. : 맛있다니까.

01 Aku harus diet! 난 다이어트 해야 돼!

Dia	pulang sekarang
Saya	minum bir
Kamu	bermain piano
Kita	belajar bahasa Indonesia

☐ **bermain** (악기를) 연주하다

02 Aku tambah gendut. 나 살 쪘어.

Pacar aku	cantik
Adik kamu	ganteng
Anak dia	pintar
Gajinya	gede

☐ **gaji** 급여　　☐ **gede** 거대한, 큰

03 Kamu tidak perlu diet! 넌 다이어트 할 필요 없어!

perlu	beristirahat
	tidur
tidak perlu	khawatir
tidak usah	menyesal

☐ khawatir 걱정하다   ☐ menyesal 후회하다

04 Jangan makan sesuatu sebelum tidur! 자기 전에 뭐 먹지 마!

merokok	sebelum tidur
berenang	sesudah makan
berbelanja	sebelum mendapatkan gaji
menyetir mobil	sesudah minum bir

☐ merokok 담배 피우다   ☐ berenang 수영하다   ☐ berbelanja 쇼핑하다
☐ mendapatkan gaji 급여를 받다   ☐ menyetir mobil 운전하다

Ryan : Selamat pagi Rini. Apakah kamu capek?

Rini : Pagi. Iya aku capek sekali karena aku begadang.

Ryan : Wah, ada apa?

Rini : Semalam ada pesta di dekat rumah. Jadi nggak bisa tidur.

Ryan : Sayang sekali…. Hari ini semoga tidur dengan nyenyak.

Aku duluan ya!

Rini : Oke, besok aku akan telepon sebelum jam 8 pagi.

Selamat beristirahat!

Ryan : 안녕 Rini. 너 피곤하니?
Rini : 안녕. 응 어제 밤새워서 너무 피곤해.
Ryan : 와, 무슨 일 있었어?
Rini : 지난밤에 집 근처에 축제가 있었어. 그래서 잘 수가 없었어.
Ryan : 안 됐다…. 오늘은 푹 자길 바랄게. 나 먼저 갈게!
Rini : 그래, 내일 아침 8시 전에 전화할게. 푹 쉬어!

 독학 Plus

잠을 못 자거나 또는 졸리다는 표현, 평소에 많이 쓰시죠? 잠을 못 잔 경우에는 앞서 배웠던 것처럼 'belum-tidur'를 쓰면 됩니다. 하지만 한국어에도 '밤새우다'라는 표현이 있듯이 인도네시아어에도 같은 표현이 있는데요. 바로 'begadang'입니다. '나는 ~ 때문에 밤새웠어'라고 말하려면 'Aku begadang karena ~'라고 말하면 돼요. 그리고 졸릴 때는 'mengantuk'을 사용하니 참고하세요!

•Semalam aku begadang karena ujian. 어젯밤에 시험 때문에 밤새웠어.
•Aku kurang tidur karena putus sama pacar. 애인과 헤어져서 잠을 많이 못 잤어.
•Aku selalu mengantuk sesudah makan. 난 밥 먹고 항상 졸려.

□ **sayang** 가여운, 측은한, 아까운   □ **nyenyak** 곤히

🎧 **듣기** 대화를 듣고 빈칸을 완성하세요. 🎧 Track 32

(1) Ryan : _____.

     Rini : Oh, ada apa?

(2) Ryan : Adik kamu tambah cantik!

     Rini : _____.

(3) Ryan : _____?

     Rini : Aku mau beli dua.

(4) Ryan : Sepertinya aku sakit perut….

     Rini : _____!

📖 **읽기** 다음 문장을 발음에 주의하여 잘 읽어 보세요. 🎧 Track 33

(1) Apakah aku harus minum obat ini?

(2) Dia tambah cantik sesudah diet.

(3) Kamu tidak usah mengeluh.

(4) Kamu harus pulang sebelum turun hujan.

✏️ **쓰기** 우리말 의미를 참고하여 빈칸에 들어갈 알맞은 단어를 써 보세요.

(1) Kamu _____ rajin belajar bahasa Indonesia.

    년 반드시 인도네시아어를 열심히 공부해야 돼.

(2) Anda _____ beristirahat. 당신은 좀 쉬어야 할 필요가 있어요.

(3) Nanti ada acara _____ jam 7 malam. 이따가 저녁 7시 전에 행사가 있어.

📢 **말하기** 우리말 문장을 앞에서 배운 어휘와 문형을 이용하여 인도네시아로 말해 보세요.

(1) 나 살 쪘어. _____

(2) 너 더 예뻐졌구나! _____

(3) 넌 책 읽을 필요가 있어. _____

(4) 난 씻고 잘 거야. _____

Ryan

Selamat pagi Rini. Apakah kamu capek?

Pagi. Iya aku capek sekali karena aku _____.

Rini

Ryan

Wah, ada apa?

Semalam ada pesta di dekat rumah. Jadi nggak bisa tidur.

Rini

Ryan

Sayang sekali….
Hari ini semoga tidur dengan _____.
Aku duluan ya!

Oke, besok aku akan telepon _____ jam 8 pagi. Selamat beristirahat!

Rini

여행 (Pariwisata)

인도네시아는 레저, 여행 등의 목적으로는 무비자로 입국할 수 있습니다. 인도네시아에 많은 아름다운 섬과 관광지가 있으나 주요 도시별로 많은 사람들이 손꼽는 관광지를 정리해 봤습니다.

• **<자카르타>의 카페 바타비아(Cafe Batavia)** : 구도심(Kota tua) 지역에 위치해 있습니다. 이곳은 네덜란드 식민 지배 시절의 모습을 그대로 간직해 두고 있어 이국적인 건물들을 볼 수 있습니다. 넓은 광장에서 단연 눈에 띄는 건물이 있는데, 바로 '카페 바타비아'입니다. 매일 저녁 8시에는 라이브 공연이 열리며 식음료 모두 판매합니다. 한 번쯤 들러 볼 만한 곳입니다.

• **<반둥>의 까와 뿌띠(kawah putih)** : 반둥에서 약 50km 떨어진 곳으로, 휴화산에서 나오는 유황가스 때문에 에메랄드 빛 호수를 볼 수 있습니다. 오전에 일찍 가는 편이 좋으며, 유황 냄새 때문에 두통이 올 수도 있으니 마스크를 챙기면 좋습니다. 예쁜 배경 덕분에 좋은 사진을 남길 수 있습니다.

• **<족자카르타>의 말리오보로 거리(Jalan Malioboro)** : 족자카르타에 가면 인도네시아 사람들이 어떻게 사는지 들여다 볼 수 있는, 말리오보로 거리를 들러 볼 것을 권해 드립니다. 약 2km 정도의 거리의 양쪽으로 상점들이 즐비해 있어 인력거와 마차를 타고 천천히 돌아보면 좋습니다.

• **<수라바야, 말랑>의 브로모 화산(Gunung Bromo)** : 수라바야 또는 말랑에서 새벽에 출발하여 갈 수 있습니다. 목적지까지 가려면 산길을 가야 하기 때문에 여행사의 투어 프로그램을 이용하여 가는 게 수월합니다. 보통 지프차를 이용해서 가며, 날씨가 좋다면 새벽에 산 중턱쯤 도착해서 밤하늘에 수놓은 별을 볼 수 있습니다. 날이 밝으면 말을 타고 화산의 중턱까지 올라가서 화산을 구경할 수 있습니다.

• **<발리>** : 영화 〈먹고 기도하고 사랑하라(Eat Pray Love)〉 이후 더욱 유명해져서 따로 언급할 필요도 없는 여행지입니다. 워터 스포츠를 즐기는 분들, 그리고 휴양을 즐기러 가는 관광객들에게 두루 인기가 좋은 여행지입니다. 주로 Kuta와 Sanur가 있는 발리 남쪽 해변에서 많이 머무르지만, 북쪽 Lovina 쪽에 가면 돌고래 투어도 즐길 수 있습니다. 석양과 함께 힘차게 수영하는 돌고래를 만나는 건, 매우 소중한 경험이 될 겁니다.

• **<길리> 길리 뜨라왕안(Gili Trawangan)섬** : 방송 프로그램 〈윤식당〉에 소개된 이후로 관광객들이 늘어나는 추세입니다. 롬복 공항이나 발리에서 배를 타고 가야 합니다. 자연을 지키려는 노력 때문에 길리에는 자동차와 오토바이가 없으며, 오직 자전거와 마차, 그리고 걸어서만 이동이 가능합니다. 여유로운 여행을 즐기고 싶다면 발리보다는 길리로 가 보는 것을 추천합니다.

나시 고렝
Nasi Goreng

나시 짬뿌르
Nasi Campur

UNIT 08

Tolong ke sana
dengan cepat!

그곳으로 빨리 가 주세요!

미 고렝
Mie Goreng

소또 아얌
Soto Ayam

이번 단원에서 배울 것이 뭐죠?

- tolong
- 부사 만들기(dengan + 형용사)
- kalau
- 동사 pakai / punya

 알아 두면 좋은 표현!

Nggak 아닙니다

부정어 tidak의 구어체입니다. 일상에서는 tidak보다는 주로 nggak을 많이 사용합니다. 발음할 때 ng[응]은 거의 들리지 않으므로 [으가]에 가깝습니다.

- **Nggak suka.** 좋아하지 않아.
- **Nggak mau.** 원하지 않아.

회화

Tolong ke sana dengan cepat!
그곳으로 빨리 가 주세요!

Track 34

Ryan : Selamat siang pak!

Sopir taksi : Siang, mas. Mau ke mana?

Ryan : Tolong ke bandara Soekarno-Hatta.

Sopir taksi : Siap mas.

Ryan : Berapa lama dari sini ke bandara?

Sopir taksi : Biasanya 50 menit kalau tidak macet.

Tetapi hari ini agak macet.

Ryan : Aduh, tolong ke sana dengan cepat ya.

Karena pesawat akan lepas landas pada jam 10:00.

Sopir taksi : Oke. Kita pakai toll ya. Saya sudah punya E-TOLL.

Ryan : Oke pak. Semoga tidak macet setelah masuk toll.

Sopir taksi : Tentu saja tidak macet.

Jangan khawatir.

Ryan : 안녕하세요 기사님!

택시 기사 : 안녕하세요, 손님. 어디로 가시나요?

Ryan : 수까르노 하타 공항으로 가 주세요.

택시 기사 : 알겠습니다.

Ryan : 공항까지 얼마나 걸리나요?

택시 기사 : 안 막히면 보통 50분 정도 걸려요. 하지만 오늘은 조금 막히네요.

Ryan : 아이고, 빨리 가 주세요. 비행기 이륙 시각이 10시거든요.

택시 기사 : 그래요. 톨게이트 타고 갈게요. E-TOLL 카드를 가지고 있거든요.

Ryan : 그렇게 해 주세요. 톨게이트 진입하면 안 막혔으면 좋겠네요.

택시 기사 : 그럼요, 안 막힐 겁니다. 걱정 마세요.

 독학 Plus

자카르타에서는 고속도로 진입 시 E-TOLL 카드를 사용하고 있습니다. 국내에서 사용하는 '하이패스 카드'와 같다고 보시면 됩니다만 직접 카드 인식기에 카드를 대야 하는 불편함이 있습니다.

___

☐ bandara 공항 ☐ biasanya 보통, 일반적으로 ☐ agak 조금 ☐ macet 막히다

☐ punya 가지다, 소유하다 ☐ lepas landas 이륙하다

01 Tolong ke sana dengan cepat! 그곳으로 빨리 가 주세요!

A : Tolong ke sana dengan cepat! 그곳으로 빨리 가 주세요!
B : Wah, ada apa? 와, 무슨 일이에요?

tolong

부탁할 때 쓰이는 tolong은 방향을 물어보거나 택시를 탈 때도 많이 쓰이는데요. 인도네시아, 특히 자카르타에서는 주요 교통수단이 택시이기 때문에 많이 쓸 수밖에 없습니다. 보통 방향성을 나타내는 전치사 ke, 그리고 목적지와 함께 간단히 쓰입니다. 예를 들어 'Tolong ke rumah sakit'이라고 표현하면 '병원으로 가 주세요'가 됩니다.

〈dengan + 형용사〉
전치사 dengan과 형용사를 함께 쓰면 부사로 만들 수 있습니다.

- dengan rajin 열심히
- dengan cepat 빠르게
- dengan enak 맛있게, 잘

*참고로 '빨리!'라고 말할 때는 'ayo cepatan!'이라는 표현도 많이 쓰니 참고하세요.

02 Biasanya 50 menit kalau tidak macet. 안 막히면 보통 50분 정도 걸려요.

A : Berapa jam perjalanan dari Jakarta ke Bandung?
자카르타에서 반둥으로 가는 여정이 몇 시간 걸리나요?
B : Biasanya 4 jam kalau tidak macet. 보통 안 막히면 4시간 걸려요.

kalau

'만약에'라는 표현을 말하고 싶을 때는 kalau를 씁니다. 보통은 발음할 때 주로 [kalo]라고 합니다. 이외에도 구어체에서는 다음과 같이 '~라면', '그러면'의 의미로 사용되는데요! 예문을 한번 살펴보겠습니다.

- Kalau aku mau pilih ini. 나라면 이걸 선택하겠어.
  나는 이걸 선택하겠어.
- Kalau ini berapa? 그럼 이건 얼마예요?
- Kalau kamu mau makan apa? 그럼 너는 뭘 먹을래?

위와 같이 없어도 무방하지만 사용했을 때 조금 더 자연스러운 문장을 만들 수 있습니다. 꼭 '만약에'라는 의미만 있는 것은 아니니, 대화할 때 적절히 사용해 보세요.

독학 Plus

'시간이 걸리다'라는 표현은 makan waktu를 사용합니다.
- Biasanya makan waktu 6 jam untuk pergi ke Bali. 보통 발리까지는 6시간 정도 걸려요.

03 **Saya mau pakai ini.** 저는 이걸로 하고 싶어요.

A : Anda mau pakai apa? 무엇을 사용하고 싶나요?
B : Saya mau pakai ini. 저는 이걸로 하고 싶어요.

● pakai 동사

동사 pakai는 '사용하다'라는 의미로 주로 많이 쓰입니다. 하지만 목적어에 따라서 이용하다, 옷을 입다, ~을 타다 등 의미가 조금씩 변하는데요. 다음과 같은 예문을 통해서 확인해 보겠습니다.

- Saya mau pakai toll. 저는 톨게이트를 이용할게요.
- Aku mau pakai baju itu. 나는 저 옷 입을래.
- Ayo kita pakai taksi! 우리 택시 타자!

04 **Saya sudah punya pacar.** 저는 애인이 있습니다.

A : Kamu punya pacar? 너 애인 있어?
B : Ya, aku sudah punya pacar. 응, 나는 애인 있어.

● punya 동사

동사 punya는 '가지다', '소유하다'의 의미로 쓰입니다. 다음의 예문을 통해서 쓰임을 살펴보겠습니다.

- Aku punya banyak teman akrab. 나에게는 친한 친구가 많다.
- Dia punya banyak buku komik. 그/그녀는 만화책을 많이 가지고 있다.
- Aku punya mobil. 나는 차를 가지고 있다.

표현

인도네시아에서는 가까운 거리라도 교통수단을 이용하는 일이 많은데요. 주로 쓰이는 교통 관련 표현을 익혀 봅시다.

예문	뜻
Pak, ke Plaza Indonesia ya.	기사님, Plaza Indonesia로 가 주세요.
Kira-kira berapa ongkos sampai ke sana?	거기까지 가려면 요금이 대략 얼마나 나올까요?
Biaya tol dan lain-lain sudah termasuk, kan?	톨게이트 비 등 모두 포함된 거죠?
*Pakai argo kan?	미터기 사용하죠?
Masih jauh dari sini?	여기에서 아직 멀었나요?
Tolong belok kiri/kanan di depan.	앞에서 좌/우회전해 주세요.
Tolong putar balik di depan.	앞에서 유턴해 주세요.
*Silakan lurus saja.	직진해 주세요.
*Jalan terus saja.	계속 가 주세요.
Kembalinya boleh disimpan.	거스름돈은 가져도 좋아요.
Kembalinya dua ribu rupiah saja.	거스름돈은 2천 루피아만 주세요.
Tolong berhenti di sini.	여기에 세워 주세요.
Tolong panggil taksi.	택시 좀 불러 주세요.
(Apakah) ada mobil untuk 6 orang?	6인승 차가 있나요?
(Apakah) ada bank di dekat sini?	이 근처에 은행이 있나요?

*Pakai argo kan?

공항에 도착해서 숙소로 이동할 때 가끔 미터기를 켜지 않는 택시가 있습니다. 거리에 따라서 가격을 흥정을 통해 정하기 때문입니다. 이럴 때 가장 안전한 방법은 미터기 사용 여부를 묻는 것입니다.

*lurus와 terus

lurus는 '직진하다', terus는 '계속'이라는 의미입니다. 얼핏 같은 의미처럼 보이지만 서로 다른 뜻이기 때문에, 헷갈리지 않게 주의하여 사용하시기 바랍니다.

01 Dia belajar bahasa Indonesia dengan rajin.

그/그녀는 인도네시아어를 열심히 배웁니다.

menyetir mobil	mudah
masak pisang goreng	enak
bisa berlari	cepat
bisa berbahasa Inggris	lancar

☐ menyetir 운전하다   ☐ mudah 쉬운   ☐ masak 요리하다
☐ pisang goreng 바나나 튀김   ☐ bisa 구사하다   ☐ berlari 뛰다
☐ berbahasa Inggris 영어를 구사하다   ☐ lancar 원활한, 유창한

02 Biasanya 50 menit kalau tidak macet.

보통 막히지 않는다면 50분 정도 걸려요.

dingin	bulan Desember
sering turun hujan	musim hujan
1 jam	naik kereta
membaca komik	sedang bosan

☐ turun hujan 비가 내리다   ☐ setiap malam 밤마다   ☐ naik kereta 기차를 타다
☐ membaca komik 만화책을 읽다

03 Saya **mau pakai** ini. 저는 이걸로 하고 싶어요.

Dia	pensil
Mereka	kamar ini
Aku	kartu kredit
Ibu saya	kacamata

☐ **pensil** 연필　　☐ **kamar ini** 이 방　　☐ **kartu kredit** 신용카드
☐ **kacamata** 안경

04 Saya **sudah punya** pacar. 저는 애인이 있어요.

Beliau	anak laki-laki
Dia	mobil
Aku	banyak buku
Saya	suami

☐ **anak laki-laki** 아들　　☐ **banyak** 많은

술술 나오는 **회화**

Ryan : Halo Annisa. Kamu lagi ngapain?

Annisa : Halo, aku lagi makan siang sama adikku.

Ryan : Oh ya? Kamu punya adik?

Annisa : Ya, aku punya dua adik.

Ryan : Aku baru dengar kamu punya dua adik!

Nanti pergi ke mana sama adik-adik kamu?

Annisa : Nanti kami mau pergi ke Tangerang untuk bertemu dengan paman kami.

Ryan : Oh, kamu pakai mobil? Apakah kamu punya E-TOLL?

Annisa : Tentu saja karena aku sering pergi ke luar kota.

Ryan : Oh begitu, ya sudah. Hati-hati ya!

Annisa : Terima kasih, sampai besok!

Ryan : 안녕 Annisa. 지금 뭐 해?
Annisa : 안녕, 지금 동생이랑 점심 먹고 있지.
Ryan : 아 그래? 동생이 있었어?
Annisa : 응, 동생이 두 명 있어.
Ryan : 동생이 두 명 있는지 방금 알았네! 이따 동생들이랑 어디 가니?
Annisa : 이따가 삼촌 만나러 Tangerang으로 갈 거야.
Ryan : 아, 너 차 타고 가니? E-TOLL은 가지고 있고?
Annisa : 나 자주 교외로 나가잖아, 당연하지.
Ryan : 아 그렇구나, 그래 그럼. 조심하고!
Annisa : 고마워, 내일 보자!

 독학 Plus

동사 bertemu는 전치사 dengan과 함께 쓰여, '~와 함께 만나다'의 의미가 있습니다. 또한 인사말로도 쓰이는데요. 다음의 예문을 통해서 살펴보겠습니다.

- Senang bertemu. 만나서 반갑습니다.
- Samapi bertemu lagi! 다음에 또 만나요!

참고로 bertemu는 구어체에서 ketemu로도 쓰이니 참고하세요.

대화를 듣고 빈칸을 완성하세요. Track 36

(1) Ryan : _____.

　　Sopir taksi : Oke, siap mas.

(2) Ryan : _____.

　　Rini : Aduh, semoga tidak macet.

(3) Ryan : _____?

　　Rini : Ya. Aku suka pakai baju formal.

(4) Ryan : _____?

　　Rini : Belum. Aku baru putus sama pacar.

다음 문장을 발음에 주의하여 잘 읽어 보세요. Track 37

(1) Tolong ke mall dengan cepat.

(2) Aku mau ke bioskop kalau kamu juga mau menonton film.

(3) Aku akan pakai mobil untuk pergi ke rumah nenek.

(4) Dia punya teman akrab.

우리말 의미를 참고하여 빈칸에 들어갈 알맞은 단어를 써 보세요.

(1) _____ ke Universitas Indonesia. 인도네시아 대학교로 가 주세요.

(2) Aku _____ pacar cantik. 나는 예쁜 여자친구가 있어요.

(3) Boleh kita makan bersama _____ kamu tidak sibuk?
네가 바쁘지 않다면 같이 식사해도 될까?

우리말 문장을 앞에서 배운 어휘와 문형을 이용하여 인도네시아로 말해 보세요.

(1) 병원으로 가 주세요. _____

(2) 안 막히면 보통 50분 정도 걸려요. _____

(3) 저는 이걸 사용하고 싶어요. _____

(4) 저는 동생이 있습니다. _____

Ryan

Halo Annisa. Kamu lagi _____?

Annisa

Halo aku lagi makan siang sama adikku.

Ryan

Oh ya? Kamu _____ adik?

Annisa

Ya, aku punya dua adik.

Ryan

Aku baru dengar kamu punya dua adik! Nanti pergi ke mana sama adik-adik kamu?

Annisa

Nanti kami mau pergi ke Tangerang untuk _____ _____ paman kami.

Ryan

Oh, kamu _____ mobil? Apakah kamu punya E-TOLL?

Annisa

Tentu saja karena aku sering pergi ke luar kota.

Ryan

Oh begitu, ya sudah. Hati-hati ya!

Annisa

Terima kasih, sampai besok!

budaya

몰 (Mall)

인도네시아 사람들은 수다를 떨면서 여가 시간을 보냅니다. 특히 편의점 앞에서 밤 늦게까지 얘기하는 사람들, 무더위 속에서도 그늘 아래에 앉아서 웃으며 얘기하는 모습을 보면 '어떻게 저렇게 오래 얘기하지?' 싶습니다. 이렇게 앉아서 얘기하는 것을 '농끄롱(nongkrong)'이라고 합니다. 이렇게 '농끄롱'을 하기에 가장 좋은 장소는 바로 몰(mall)입니다. 인도네시아 친구들과 약속을 잡게 되면 주로 몰에서 만나게 되는데, 그 이유는 더위나 비를 피할 수 있는 점도 있지만 그 안에서 볼거리, 먹거리 등 모든 것을 즐길 수 있기 때문입니다.

몰에 들어갈 때, 생각보다 소지품 검사 등을 철저히 하는 편입니다. 폭탄 테러의 위험에서 완전히 벗어나지 못했기 때문입니다. 가방을 열어서 직접 보는 경우도 있으며, 외국인이 많이 방문하는 대형 몰의 경우에는 검색대가 준비돼 있습니다.

일반적으로 몰의 지하에는 생활용품을 살 수 있는 대형 마트가 있으며, 카페나 술집, 그리고 많은 식당가를 볼 수 있습니다. 대부분 영화관과 헬스장, 마사지숍, 뷰티숍 등도 있죠. 호텔과 연결되어 있어, 편리하게 이용할 수 있는 몰도 많습니다.

특히 대도시에 이런 몰들이 집중돼 있는데요. 몰 외에는 그다지 즐길 거리가 없다는 의미이기도 합니다. 굳이 재미를 찾자면, 몰의 위치에 따라서 현지인들이 더 자주 가는 몰이 있고, 외국인이 더욱 선호하는 몰이 있습니다. 시간적 여유가 된다면 이러한 몰들을 여러 군데 다녀 보며 차이를 느껴 보는 것도 좋습니다. 특히 요즘에는 한국의 브랜드도 많이 입점했는데요. 다양한 문화와 제품, 먹거리 볼거리를 경험해 보시기 바랍니다.

UNIT 09
Aku sakit kepala

저 머리가 아파요

이번 단원에서 배울 것이 뭐죠?

• 관계대명사 yang
• sejak(~로부터)
• 부사 sepertinya
• salah satu(~중 하나)

 알아 두면 좋은 표현!

Baper 마음이 쓰이다

baper는 bawa perasaan의 준말입니다. 직역하면 '감정을 가져오다'인데요. 즉, '마음이 쓰이다'입니다. 주로 로맨틱한 영화 또는 커플을 볼 때 이 단어를 많이 쓰고요. 정확히는 특정 상황을 보고 마음이 움직이거나 감동받았을 때 사용합니다.

Film ini bikin baper. 이 영화 감동적이야.

Saya merasa pusing dan ada demam.
저는 어지럽고 열도 있어요.

Track 38

Dokter : Selamat siang bapak. Ada yang bisa saya bantu?

Ryan : Saya datang karena sakit kepala.

Dokter : Oh begitu, apakah Anda ada demam juga?

Ryan : Ya, saya merasa pusing dan ada demam sejak kemarin malam sehingga susah konsentrasi saat bekerja.

Dokter : Baik. Ada yang lain?

Ryan : Ya, sering menceret juga.

Dokter : Oh begitu…. Sepertinya Anda kena tifus.

Ryan : Tifus itu apa?

Dokter : Itu salah satu penyakit yang terjadi karena infeksi bakteria.

Biasanya kena tifus melalui makanan atau minuman.

Apakah Anda sering makan es?

Ryan : Ya, saya sering makan es saat minum kopi.

Dokter : Oh begitu…. Silakan minum obat ini dan istirahat yang cukup.

Ryan : Oke. terima kasih dokter.

의사 : 안녕하세요. 무엇을 도와드릴까요?
Ryan : 두통이 좀 있어서 왔습니다.
의사 : 아 그렇군요, 열도 좀 있나요?
Ryan : 네, 어젯밤부터 좀 어지럽고 열도 있어서 업무에도 집중하지 못하고 있습니다.
의사 : 그렇군요, 다른 건요?
Ryan : 네, 설사도 자주 합니다.
의사 : 아 그렇군요…. 티푸스에 걸린 것 같습니다.
Ryan : 티푸스가 뭔가요?
의사 : 박테리아 감염 때문에 생기는 질병 중 하나입니다. 보통은 음식이나 음료를 통해서 걸립니다. 혹시 얼음을 먹었나요?
Ryan : 네, 커피 마실 때 자주 먹었어요.
의사 : 오 그렇군요…. 이 약 챙겨 드시고, 푹 쉬세요.
Ryan : 알겠습니다. 고맙습니다 선생님.

---

01 **Ada yang bisa saya bantu?** 무엇을 도와드릴까요?

 A : Selamat siang, Ada yang bisa saya bantu? 안녕하세요, 무엇을 도와드릴까요?

 B : Tolong cek reservasi saya. 제 예약 좀 확인해 주세요.

● **왜 조동사와 주어 순서가 바뀌었죠?**

원래 인도네시아어 어순은 〈주어-조동사-동사〉가 보통이지만 관계대명사 yang 뒤에서 주어가 1인칭 또는 2인칭 주어일 경우, 문장의 순서가 〈조동사-주어-동사〉 순서로 바뀝니다. 본 어순은 수동태 문장과 관련이 있습니다. (수동태의 자세한 설명은 15과를 참고하세요.)

 • Apa yang sudah kamu beli? 너는 무엇을 샀니?

 • Apa yang sering kamu makan? 너가 자주 먹는 것은 무엇이니?

● **관계대명사 yang**

관계대명사 yang을 사용하면 앞의 선행사를 꾸며 줄 수 있으며 문장을 더욱 풍부하게 구사할 수 있습니다. 쉽게 와 닿지 않는다고요? 다음을 통해서 한번 익혀 볼게요.

 (1) 선행사 수식

 • Teman yang belajar Bahasa Indonesia 인도네시아어를 배우는 친구

 • Laki-laki yang sedang berbelanja 쇼핑 중인 남자

 (2) ~한 것, ~한 사람

 • Yang saya suka adalah main game. 내가 좋아하는 것은 게임이야.

 • Yang saya suka adalah dia. 내가 좋아하는 사람은 그/그녀야.

  *위와 같이 주어 부분이 길 때는 본동사 앞에서 끊어 주면 해석이 간편합니다.

 (3) Apa yang ~ (Apa를 사용해서 질문할 때)

 • Apa yang paling kamu suka? 너가 제일 좋아하는 것은 뭐야?

 • Jurusan apa yang kamu ambil? 넌 뭘 전공했니?

 (4) ~ yang mana? (선택)

 • Kamu mau beli yang mana? 넌 뭘 사고 싶니?

 • Yang mana kamu mau beli? 넌 뭘 사고 싶니? (문장 순서 변환 가능)

 *간단하게 '어떤 거?, 어느 거?'라고 질문할 때는 'yang mana?'만 사용해도 됩니다.

02 **Saya merasa pusing dan ada demam sejak kemarin malam.**
어젯밤부터 좀 어지럽고 열도 있어요.

A : Sejak kapan kamu belajar bahasa Indonesia? 언제부터 인도네시아어를 배웠나요?

B : Saya belajar bahasa Indonesia sejak 2 bulan yang lalu. 저는 두 달 전부터 배웠습니다.

● **sejak ~로부터**

과거에서부터 지금까지 해 오고 있는 것을 표현할 때는 sejak을 사용합니다. 당연히 뒤에는 시간을 나타내는 표현이 나오게 됩니다.

- Sejak kapan? 언제부터?
- Sejak kemarin! 어제부터!

03 **Sepertinya Anda kena tifus!** 티푸스에 걸린 것 같습니다!

A : Sepertinya kamu jadi kurus! 너 살 빠진 것 같아!

B : Akhirnya diet berhasil! 결국 다이어트 성공!

● **부사 sepertinya**

말하는 바에 확신이 없거나, 그래서 부드럽게 표현할 때 '~한 것 같아'라고 표현하고 싶을 때 부사 sepertinya를 사용합니다. 보통은 문장의 가장 앞에 위치합니다.

- Sepertinya kamu sakit. 너 아픈 것 같아.
- Sepertinya aku tidak mau pulang ke Korea. 나 한국으로 돌아가고 싶지는 않은 것 같아.

부사 sepertinya와 같은 의미로 구어체에서 가장 많이 쓰이는 표현은 kayaknya입니다. 발음할 때는 [까약냐]가 아닌, [까야냐]로 발음하는데요. 간단하게 아래와 같이 많이 사용하곤 합니다.

- Kayaknya iya. 그런 것 같아.
- Kayaknya nggak. 아닌 것 같아.

04 **Itu salah satu penyakit.** 그것은 질병 중 하나입니다.

A : Itu salah satu makanan yang aku suka! 그것은 제가 좋아하는 음식 중 하나예요!

B : Silakan makan banyak! 많이 드세요!

● **salah satu + 명사**

'~한 것 중 하나'라는 표현을 할 때 사용합니다. 다음 예문을 통해서 익혀 볼게요.

- Dia adalah salah satu orang yang aku benci. 그/그녀는 내가 싫어하는 사람 중 하나야.

● 표현

물론 외국에서는 아프지 않아야겠지만, 아프게 되는 경우가 종종 있더라고요. 병원과 약국에서 쓸 수 있는 표현을 익혀 봅시다.

예문	뜻
Saya ingin membuat janji dengan dokter Indra.	Indra 선생님께 예약하고 싶습니다.
Saya merasa sakit perut.	저는 복통이 좀 있습니다.
Apakah saya kena tifus?	저 티푸스에 걸렸나요?
Saya merasa sakit sejak tadi pagi.	오늘 아침부터 통증이 있어요.
Bagian ini sakit.	이 부분이 아파요.
Tenggorokan saya bengkak.	목이 부었어요.
Saya sering buang air kecil.	소변을 자주 봐요.
Saya sedang hamil.	지금 임신 중이에요.
Saya mau membersihkan karang gigi.	저는 스케일링 하고 싶어요.
*Saya kena diare sejak 2 hari yang lalu.	이틀 전부터 설사병에 걸렸어요.
Kapan bisa tahu hasilnya?	언제 결과를 알 수 있을까요?
*(Apakah) ada obat flu?	감기약 있어요?
*Minta aspirin.	아스피린 주세요.
Harus minum berapa butir per hari?	하루에 몇 알씩 먹어야 해요?
(Apakah) ada efek sampingnya?	부작용이 있나요?

*Saya kena diare sejak 2 hari yang lalu.
  여기서 '설사'라는 의미의 'diare' 대신에 'menceret'이라는 표현도 많이 씁니다.

*'(Apakah) ada obat flu?' / 'Minta aspirin'
  두 문장은 '~있나요?'와 '~을 부탁합니다'의 차이입니다.

01

Apa yang bisa saya makan? 제가 먹을 수 있는 게 뭐가 있죠?

sering kita	minum
bisa saya	pakai
boleh saya	pilih
sedang kamu	cari

☐ **sering** 자주 ☐ **pilih** 선택하다 ☐ **sedang** ~하는 중 ☐ **cari** 찾다

02

Saya merasa pusing dan ada demam sejak kemarin malam. 어젯밤부터 저는 어지럽고 열도 있어요.

tidak makan malam	minggu yang lalu
tinggal di Indonesia	2 tahun yang lalu
sampai di sini	1 jam yang lalu
berlibur	3 hari yang lalu

☐ **sampai** 도착하다 ☐ **berlibur** 휴가를 보내다

03 Sepertinya **Anda kena tifus!** Tifus에 걸리신 것 같습니다.

Sepertinya	menjadi kurus
	suka lagu ini
Kayaknya	belum pernah ke sini
	suka bermain sepak bola

☐ **menjadi kurus** 마르게 되다   ☐ **sepak bola** 축구

04 **Itu** salah satu **penyakit.** 그것은 질병 중 하나입니다.

Dia	teman saya
Anak itu	adik saya
Restoran itu	restoran yang saya suka
Film ini	film yang aku tonton

☐ **restoran** 식당   ☐ **film** 영화

술술 나오는 **회화**

Ryan : Hei, kamu lagi ngapain?

Annisa : Aku lagi pergi ke rumah sakit.

Ryan : Rumah sakit? Aduh kamu sakit apa?

Annisa : Sepertinya aku kena flu.

Ryan : Apakah kamu sudah minum obat?

Annisa : Ya. Tetapi sepertinya obat yang aku minum tidak bermanfaat.

Ryan : Kasihan…. Oh, aku kenal seorang dokter yang bagus.

Annisa : Benaran? Beliau ada di rumah sakit yang mana?

Ryan : Beliau ada di rumah sakit ABC.

Annisa : Terima kasih atas infonya!

Ryan : Kembali.

Ryan : 야, 지금 뭐 해?
Annisa : 나 지금 병원 가려고.
Ryan : 병원? 아이고 너 어디 아픈데?
Annisa : 나 감기에 걸린 것 같아.
Ryan : 너 약은 먹었어?
Annisa : 응. 그런데 내가 먹은 약이 별로 효과가 없는 것 같아.
Ryan : 저런…. 아 참, 나 좋은 의사 한 분 아는데.
Annisa : 진짜? 그분 어느 병원에 계시는데?
Ryan : 그분 ABC 병원에 계셔.
Annisa : 정보 고마워!
Ryan : 천만에!

독학
Plus

'진짜?'라고 표현할 때는 'benar?'라고 말합니다. 구어체에서는 뒤에 -an을 붙여서 'benaran?'도 많이 사용하니 참고하세요.

대화를 듣고 빈칸을 완성하세요. 🎧 Track 40

(1) Ryan : _____?

    Rini : Aku suka gado-gado.

(2) Ryan : _____?

    Rini : Aku sakit kepala sejak kemarin.

(3) Ryan : _____.

    Rini : Kamu harus beristirahat.

(4) Ryan : Kamu suka warna merah?

    Rini : _____.

다음 문장을 발음에 주의하여 잘 읽어 보세요. 🎧 Track 41

(1) Apa yang kamu suka?

(2) Aku belajar bahasa Inggris sejak 10 tahun yang lalu.

(3) Sepertinya dia suka kamu.

(4) Salah satu bahasa yang aku suka adalah bahasa Indonesia.

우리말 의미를 참고하여 관계대명사 yang을 써서 문장을 만들어 보세요.

(1) _____. 제가 좋아하는 장소는 카페입니다.

(2) _____. 제일 잘생긴 사람은 저입니다.

(3) _____. 제가 좋아하는 것은 음악입니다.

우리말 문장을 앞에서 배운 어휘와 문형을 이용하여 인도네시아로 말해 보세요.

(1) 저 머리가 아파요.   _____

(2) 저 감기에 걸린 것 같아요.   _____

(3) 제가 좋아하는 것은 인도네시아어 공부입니다.   _____

(4) 제가 좋아하는 것 중 하나는 쇼핑입니다.   _____

 Ryan
Hei, kamu lagi ngapain?

Aku lagi pergi ke rumah
sakit. **Annisa**

 Ryan
Rumah sakit? Aduh kamu
sakit apa?

Sepertinya aku _____
flu. **Annisa**

 Ryan
Apakah kamu sudah _____
obat?

Ya. Tetapi obat yang aku
minum tidak _____. **Annisa**

 Ryan
Kasihan⋯. oh, aku kenal
seorang dokter yang
bagus.

Benaran? Beliau ada di
rumah sakit yang mana? **Annisa**

 Ryan
Beliau ada di rumah sakit
ABC

Terima kasih _____
infonya! **Annisa**

 Ryan
_____.

budaya

날씨 (Cuaca)

인도네시아 날씨를 생각하면 엄청난 무더위를 가장 먼저 떠올리게 됩니다. 정답입니다! 정말 덥습니다. 적도에서 가까운 곳이라 내리쬐는 햇볕이 피부로 직접 느껴지는 곳입니다. 물론 다른 지역에 비해 고도가 높은 도시, 특히 반둥의 경우 저녁이 되면 선선하기 때문에 후드티 하나 정도 챙겨서 입고 다니면 좋습니다.

그런데 가끔 보면 이렇게 무더운 날씨에도 엄청나게 두꺼운 옷을 입고 오토바이를 타고 다니는 사람들을 볼 수 있습니다. 바로 masuk angin 때문입니다. 직역하면 '바람이 들어갔다'인데요. 오토바이 등을 타다가 감기 몸살에 걸리면 바로 masuk angin에 걸렸다고 하는데, 이를 피하기 위해 무더위에도 두꺼운 옷을 입습니다.

인도네시아의 계절은 두 계절로 나뉩니다. 바로 건기(Musim Kemarau)와 우기(Musim Hujan)입니다. 건기는 5~10월, 우기는 11~4월 경인데요. 건기와 우기에 따라서 먹을 수 있는 과일도 매우 다릅니다. 일반적으로 바나나, 파파야, 잭프루트 등은 1년 내내 즐길 수 있습니다.

건기의 햇볕은 매우 뜨겁고, 옷도 매우 잘 마릅니다. 다만 태양이 너무 뜨겁기 때문에 선크림을 발라도 피부가 잘 타므로 너무 오래 밖에 있는 것은 좋지 않습니다. 우기에는 비가 엄청나게 쏟아지는 스콜 현상을 자주 볼 수 있습니다.

건기와 우기 중 정말 싫은 계절 하나만 선택하라고 하면, 저는 우기를 선택합니다. 바로 교통수단을 이용하기 어렵다는 점 때문입니다. 택시를 타려고 서 있는 사람들의 줄도 끝이 안 보이고, 도로에 꽉 막혀서 움직이지도 못하는 차들의 모습 또한 경이롭습니다. 혹시나 이럴 때에는 깨끗하게 마음을 내려 놓고, 저녁 늦은 시간까지 몰에서 시간을 보내거나, 야근을 하는 게 정신 건강에 좋을 수도 있습니다. 택시만 두세 시간 기다리는 경우도 있기 때문이죠. 운 좋게 택시를 타도 목적지까지 가는 동안 힘이 다 빠질지도 모르는 노릇입니다.

UNIT 10

Ada yang lebih murah?

더 저렴한 거 있어요?

이번 단원에서 배울 것이 뭐죠?

• 전치사 buat
• 비교급
• 접사 ke-an
• 접사 se-

알아 두면 좋은 표현!

Kepo 궁금한 게 너무 많다!

대부분 인도네시아 사람들은 외국인에 대해 굉장히 개방적이며 친밀감을 가지고 있습니다. 그래서인지 개인적인 질문도 많이 하곤 하는데요. 그럴 때 이 단어를 쓸 수 있습니다. 너무 질문이 많아서 괴로울 때 사용해서 질문을 피해 보세요.

Kamu kepo banget! 넌 너무 질문이 많아!

회화 Ada yang lebih murah?
더 저렴한 거 있나요?

 Track 42

Penjual : Halo selamat siang, bisa saya bantu?

Ryan : Ya mbak, saya mau beli baju untuk wanita.

Penjual : Oh begitu, buat siapa?

Ryan : Untuk ibu saya.

Penjual : Ukurannya berapa?

Ryan : Kira-kira M.

Penjual : Baiklah, mau beli baju yang mana?

Ryan : Saya mau beli ini karena ibu saya suka warna ungu. Harganya berapa?

Penjual : Yang ini harganya 200.000 rupiah.

Ryan : Wah ini mahal sekali. Ada yang lebih murah?

Penjual : Oh, yang ada di sebelah kanan lebih murah. Harganya 150.000 rupiah.

Ryan : Tapi sepertinya baju itu kebesaran untuk ibu saya…. Bisa diskon nggak?

Penjual : Oke, saya kasih 10% diskon. Jika baju itu kebesaran, nanti bisa ditukar dengan ukuran yang lebih kecil.

Ryan : Terima kasih banyak! Ibu saya akan secantik artis jika pakai baju ini!

점원 : 안녕하세요, 무엇을 도와드릴까요?
Ryan : 네, 저, 여성 옷을 사고 싶은데요.
점원 : 아 그렇군요, 어느 분이 입으실 건가요?
Ryan : 어머니요.
점원 : 사이즈는요?
Ryan : 아마 M일 거예요.
점원 : 좋습니다, 어떤 옷을 찾으시나요?
Ryan : 어머니께서 보라색을 좋아하셔서 이걸 사고 싶네요. 얼마예요?
점원 : 이건 200.000루피아예요.
Ryan : 와 엄청 비싸네요. 조금 더 저렴한 거 있나요?
점원 : 아, 오른쪽에 있는 건 더 저렴해요. 150.000루피아예요.
Ryan : 하지만 이 옷은 어머니께 너무 클 것 같은데…. 할인 가능한가요?
점원 : 그래요, 10% 할인해 드릴게요. 만약 그 옷이 너무 크다면, 나중에 더 작은 사이즈로 교환 할 수 있어요.
Ryan : 정말 고맙습니다! 어머니께서 이 옷을 입으시면 연예인처럼 예쁠 거예요!

☐ wanita 여성   ☐ ukuran 사이즈   ☐ warna ungu 보라색   ☐ diskon 할인   ☐ bayar 지불하다

01 **Buat siapa?** 누구를 위해서요?

A : Pak, aku mau beli baju ini. 아저씨, 저 이 옷 사고 싶어요.

B : Buat siapa? 누가 입으실 건가요?

● **buat ~을 위해서**

원래는 '~을 위해서'라고 표현할 때는 'untuk'을 많이 사용하지만, 구어체에서는 buat을 많이 사용합니다. 위에 'Buat siapa?'의 해석을 '누구를 위해서요?'라고 했지만, 대화의 맥락에 따라서 의미가 조금씩 변할 수 있습니다. 다음과 같이 'buat' 뒤에 의문사를 씀으로써 간단하게 질문할 수 있으니 참고해 보세요.

- Buat apa? 무엇을 위해서?
- Buat siapa? 누구를 위해서?
- Buat kapan? 언제 할 건데?

02 **Yang ada di sebelah kanan lebih murah.** 오른쪽에 있는 게 더 저렴해요.

A : Makanan ini lebih enak! 이 음식이 더 맛있다!

B : Itu kan aku yang masak! Tentu enak! 이거 내가 요리한 거잖아! 당연히 맛있지!

● **비교급**

'더욱 ~하다'라는 표현을 할 때는 lebih를 사용합니다. 그렇다면 '더 ~하다' 말고도 '덜 ~하다' 혹은 다른 대상과 비교할 때 사용하는 비교급 문장도 만들 수 있겠죠? 다음의 예를 통해서 한번 살펴볼게요!

(1) lebih + 형용사 (더 ~한)
- Aku lebih suka ini! 난 이게 더 좋아!
- Film ini lebih menarik. 이 영화가 더 재미있다.
- Hari ini lebih panas. 오늘 더 덥다.

(2) kurang + 형용사 (덜 ~한)
- Cuaca hari ini kurang enak. 오늘 날씨가 별로다.
- Aku kurang suka makanan ini. 난 이 음식이 별로다.
- Ini kurang pedas. 이거 별로 안 매워.

(3) lebih + 형용사 + daripada (~보다 더 ~한)
- Jakarta lebih panas daripada Seoul. 자카르타가 서울보다 더 더워.
- Kopi ini lebih manis daripada itu. 이 커피가 그것보다 더 달아.
- Baju ini lebih besar daripada itu. 이 옷이 저것보다 더 커.

(4) kurang + 형용사 + dibandingkan dengan (~보다 덜 ~한)

- Dia kurang baik dibandingkan dengan dugaanku. 그/그녀는 내 생각보다 별로야. (덜 좋아)
- Bus ini kurang cepat dibandingkan dengan bus itu. 이 버스는 저 버스보다 느려. (덜 빨라)
- Baju ini kurang cantik dibandingkan dengan baju itu. 이 옷은 저 옷보다 별로야. (덜 예뻐)

*dibandingkan dengan도 사용하지만 위에 있는 daripada도 사용합니다. 참고로 알아 두세요.

kurang lebih를 붙여서 쓰는 경우도 있는데요. 이때는 '대략'이라는 의미로 쓰입니다.

•Tingginya kurang lebih 180cm. 그/그녀의 키는 대략 180cm 정도 돼.

---

03 Sepertinya baju itu kebesaran. 그 옷은 좀 큰 것 같아요

A : Baju itu kebesaran untuk saya. 그 옷은 제게 좀 큰 것 같아요.
B : Baik. Saya coba cari yang lebih kecil. 알겠습니다. 제가 더 작은 것으로 찾아볼게요.

● 접사 ke-an

어근에 접사 ke-an이 붙은 형태인데요. 의미도 다양해서 문장의 앞뒤를 파악해서 해석해야 합니다. 보통은 어근의 의미를 크게 벗어나지 않아 유추가 가능한데요. 다음과 같이 분류됩니다.

(1) 너무 ~하다

- Baju ini kebesaran. 이 옷이 너무 커요.
- Aku merasa kepanasan! 오늘 더위가 너무 심해요! (*merasa 느끼다)
- Aku pulang dulu karena kecapekan. 저 너무 피곤해서 먼저 갈게요.

*kecapekan은 [끄짜뻬안]으로 발음합니다. 어근 그대로 사용하면 kecapekan으로 쓰지만 편의에 따라서
  kecapean으로 쓰는 경우도 있습니다.

(2) ~을 겪다, ~을 당하다

- Teman saya kecurian dompet saat belanja. 제 친구가 쇼핑하는 도중에 지갑을 도난당했습니다.
- Aku ketiduran karena terlalu capek. 난 너무 피곤해서 잠들어 버렸다.
- Mereka kelaparan dan kehausan. 그들은 기아와 갈증을 겪고 있다.

(3) 감각 동사 (보이다/들리다)

- Hari ini bulannya tidak kelihatan. 오늘은 달이 보이지 않는다.
- Suara kamu tidak kedengaran. 네 목소리가 들리지 않는다.

(4) 명사화

- cantik (예쁜) → kecantikan (미, 아름다움)
- hidup (살다) → kehidupan (삶)
- mati (죽다) → kematian (죽음)
- cepat (빠른) → kecepatan (속도)

04 Ibu saya akan secantik artis! 저희 어머니는 연예인처럼 예뻐질 거예요!

A : Adik saya seganteng aktor Hollywood. 내 동생은 할리우드 배우 같이 잘생겼어.

B : Pasti bohong! 분명 거짓말이야!

특정 대상과 같음을 나타내고자 할 때는 위와 같이 동급을 만드는 〈se + 형용사〉 형태로 사용하면 되는데요. 명사를 사용해서도 같음을 나타낼 수 있습니다. 다음 예문을 통해서 익혀 보겠습니다.

- Bermimpilah setinggi langit! 하늘과 같이 높은 꿈을 꿔라!
- Cinta tidak selalu semanis madu. 사랑은 항상 꿀처럼 달콤하지 않아.
- Hidup ini tidak seindah film. 삶은 영화처럼 아름답지 않아.

01 Baju ini **buat** ibu saya. 이 옷은 어머니 거예요.

Kado ini	bapak saya
Kacamata hitam ini	teman saya yang berulang tahun
Aku membeli kamera baru	berwisata
Dia minum kopi setiap pagi	tidak mengantuk

- ☐ **kacamata hitam** 선글라스　☐ **kamera** 카메라　☐ **baru** 새로운
- ☐ **berwisata** 여행하다

02 Yang ada di sebelah kanan **lebih** murah.

오른쪽에 있는 게 더 저렴해요.

Majalah ini	menarik
Aku	suka minum kopi
Teman saya	tinggi daripada aku
Baju ini	cantik daripada itu

- ☐ **majalah** 잡지　☐ **menarik** 재미있다, 흥미롭다

03

Sepertinya baju itu kebesaran. 그 옷은 좀 클 것 같아요.

celana ini	kekecilan
saya merasa	kehausan
anak saya bangun	kepagian
suara kamu tidak	kedengaran

- ☐ **kekecilan** 너무 작다
- ☐ **kehausan** 갈증을 느끼다
- ☐ **kepagian** 너무 이른 아침
- ☐ **kedengaran** ~이 들리다

04

Ibu saya secantik artis. 제 어머니는 연예인처럼 예뻐요.

Gedung ini	setinggi gunung
Suara dia	semanis madu
Hape ini	semahal komputer
Saya	seganteng ayah

- ☐ **setinggi gunung** 산처럼 높다
- ☐ **semanis madu** 꿀처럼 달콤하다
- ☐ **semahal komputer** 컴퓨터만큼 비싸다
- ☐ **seganteng ayah** 아빠처럼 잘생겼다

Karyawan :	KFK selamat siang, bisa dibantu?
Ryan :	Halo. Saya mau pesan hamburger.
Karyawan :	Atas nama siapa dan alamatnya?
Ryan :	Nama saya Ryan, dan alamatnya Kamar 503, lantai 5, Apartmen AA, Jalan ABC.
Karyawan :	Oke. Bapak Ryan. Bapak mau pesan apa?
Ryan :	Saya mau pesan paket Chicken Burger.
Karyawan :	Oke pak. Untuk berapa orang?
Ryan :	Satu paket saja. Harganya berapa?
Karyawan :	95.000 rupiah.
Ryan :	Wah, ada yang lebih murah?
Karyawan :	Ada, pak. Kebetulan ada menu yang sedang promo.
Ryan :	Oh ada promo? Ada apa saja?
Karyawan :	Kalau bapak beli paket spesial, dapat nasi dan soft drink dengan gratis dan harganya hanya 80.000 rupiah.
Ryan :	Wah, oke. Paket itu saja.
Karyawan :	Oke pak. Mohon tunggu 30 menit lagi ya.

직원 : 안녕하세요 KFK입니다. 무엇을 도와드릴까요?

Ryan : 안녕하세요, 햄버거 주문하고 싶습니다.

직원 : 성함과 주소 좀 알려 주시겠습니까?

Ryan : 제 이름은 Ryan이고요, ABC길, AA아파트 5층 503호입니다.

직원 : 알겠습니다 Ryan님, 어떤 걸 주문하시겠어요?

Ryan : 치킨버거 세트 주문하고 싶습니다.

직원 : 알겠습니다. 몇 인분이요?

Ryan : 하나만요. 얼마예요?

직원 : 95.000루피아입니다.

Ryan : 와, 조금 더 저렴한 거 없나요?

직원 : 있습니다. 마침 현재 프로모션 중인 메뉴가 있어요.

Ryan : 오 어떤 프로모션이죠? 어떤 것들이 있나요?

직원 : 스페셜 세트를 구매하시면, 밥과 음료를 무료로 드리며 가격은 80.000루피아입니다.

Ryan : 아 그렇군요, 그걸로 할게요.

직원 : 네 알겠습니다. 30분만 기다려 주세요.

- ☐ paket hamburger 햄버거 세트 메뉴
- ☐ pesan 주문하다
- ☐ kebetulan 우연히, 마침 ~하다
- ☐ promo 프로모션, 행사
- ☐ dapat 받다

연습문제

 듣기 대화를 듣고 빈칸을 완성하세요. 🎧 Track 44

(1) Ryan : _____ ?

    Rini : Tidak ada.

(2) Ryan : Bagaimana cuaca hari ini?

    Rini : _____ .

(3) Ryan : _____ .

    Rini : Kamu perlu diet dulu.

(4) Ryan : _____ !

    Rini : Tolong bagi aku juga!

읽기 다음 문장을 발음에 주의하여 잘 읽어 보세요. 🎧 Track 45

(1) Yang mana lebih murah?

(2) Sepatu ini lebih cantik daripada itu.

(3) Sepertinya baju ini kebesaran.

(4) Mengapa kamu bangun kesiangan?

쓰기 우리말 의미를 참고하여 빈칸에 들어갈 알맞은 단어를 써 보세요.

(1) Kue ini _____ mahal. 이 케이크가 더 비쌉니다.

(2) Kondisi badanku _____ baik. 제 몸 상태가 별로 좋지 않아요.

(3) Aku _____ dompet di mall. 제 지갑을 몰에서 도난당했습니다.

말하기 우리말 문장을 앞에서 배운 어휘와 문형을 이용하여 인도네시아로 말해 보세요.

(1) 더 저렴한 거 있나요? _____

(2) 오늘은 어제보다 더워요. _____

(3) 네 목소리가 들리지 않아. _____

(4) 넌 꽃처럼 예뻐. _____

Ryan

Saya mau _____ paket Chicken Burger.

Karyawan

Oke pak. Untuk berapa orang?

Ryan

Satu paket saja. Harganya berapa?

Karyawan

95.000 rupiah.

Ryan

Wah, ada yang _____ murah?

Karyawan

Ada, pak. _____ ada menu yang sedang promo.

Ryan

Oh ada promo? Ada apa saja?

Karyawan

Kalau bapak beli paket spesial, dapat nasi dan soft drink dengan gratis dan harganya hanya 80.000 rupiah.

Ryan

Wah, oke. Paket itu saja.

Karyawan

Oke pak. Mohon tunggu 30 menit lagi ya.

문화 공휴일 (Tanggal merah)

　인도네시아에는 휴일이 많습니다. 주로 종교 관련 휴일이 많은데요. 일부 휴일은 이슬람력을 따르기 때문에 해마다 휴일이 바뀝니다. 다음 표를 보면 종교 관련 휴일이 많은 것을 볼 수 있는데요. 인도네시아가 각기 종교가 다른 인도네시아 국민을 위해 배려하는 모습을 엿볼 수 있습니다. 또한 종교가 얼마나 인도네시아 사람들에게 영향을 미치는지도 간접적으로나마 알 수 있습니다.

공휴일	공휴일 이름	의미
1월 1일	Tahun Baru Masehi	신정
2월 8일	Isra Mi'raj Nabi Muhammad SAW	무하마드 승천일
2월 10일	Taun Baru Imlek	구정
3월 11일	Hari Suci Nyepi	힌두 신년
3월 31일	Hari Paskah	부활절
4월 10~11일	Hari Raya Idul Fitri	르바란
5월 1일	Hari Buruh	근로자의 날
5월 9일	Kenaikan Isa Almasih	그리스도 승천일
5월 23일	Hari Raya Waisak	석가탄신일
6월 1일	Hari Lahir Pancasila	빤짜실라 선포일
6월 17일	Hari Raya Idul Adha	이슬람 희생절
7월 7일	Tahun Baru Islam	이슬람 새해
8월 17일	Hari Kemerdekaan	독립 기념일
9월 16일	Maulid Nabi Muhammad SAW	무하마드 탄신일
12월 25일	Hari Raya Natal	크리스마스

*2024년 기준

　앞에서 다뤘지만 이중에서 가장 눈여겨볼 연휴는 바로 르바란 연휴인데요. 이때는 인도네시아 사람들이 각자의 고향으로 돌아가기 때문에(mudik) 대도시가 텅텅 빕니다. 또한 연휴를 보내기 위한 비용을 마련하기 위해, 특히 외국인을 상대로 범죄가 많이 일어나는 때이기도 합니다. 각별한 주의가 필요합니다.

UNIT 11

Bagaimana cuaca hari ini?

오늘 날씨 어때요?

140

이번 단원에서
배울 것이
뭐죠?

- 동사 bikin
- 날씨 표현
- 다양한 부사
- pulang pergi

🌸 **알아 두면 좋은 표현!**

Anjir 대박

이 단어는 anjing(개)에서 파생된 단어입니다. 비슷한 단어로 anjay와 같은 단어가 있는데요. '대박'이라고 표현하고 싶을 때는 anjir 또는 anjay를 씁니다. 하지만 다소 불편하게 들릴 수도 있으니 때와 장소를 구분하여 쓰는 것이 좋습니다.

Ryan : Hai Annisa, aku dengar kamu akan pergi ke Malang.

Annisa : Iya, aku akan pergi ke Malang dan Surabaya selama 3 hari.

Ryan : Wah, ada apa di sana?

Annisa : Aku mau jalan-jalan di gunung Bromo, museum dan sekitarnya.

Ryan : Wah kamu bikin aku cemburu!

Annisa : Apa kamu juga mau ikut?

Ryan : Tentu saja! Boleh aku ikut juga? Asyik! Apa yang harus aku bawa?

Annisa : Kamu harus bawa baju hangat.

Ryan : Kenapa? Bagaimana cuaca di gunung Bromo?

Annisa : Biasanya dingin.

Apalagi kita akan berangkat ke gunung Bromo pada dini hari.

Ryan : Oke, kita naik apa ke sana?

Annisa : Kita naik kereta. Aku sudah beli tiket pulang pergi.

Kamu juga harus beli tiket sebelum kita berangkat.

Ryan : Oke. terima kasih!

Ryan : 안녕 Annisa, 너 말랑 간다고 들었어.

Annisa : 응, 나 말랑하고 수라바야 3일 동안 여행 다녀오려고.

Ryan : 와, 거기에 뭐가 있는데?

Annisa : 브로모 화산, 박물관 등을 여행해 보려고.

Ryan : 와 진짜 부럽다!

Annisa : 너도 가고 싶어?

Ryan : 당연하지! 나도 가도 되는 거야? 기쁘다! 혹시 나 뭐 가져가야 되니?

Annisa : 따뜻한 옷 챙겨 와야 돼.

Ryan : 왜? 브로모 화산 날씨가 어떤데?

Annisa : 보통은 추워. 게다가 새벽에 브로모 화산으로 출발할 거야.

Ryan : 알겠어, 우리 뭐 타고 가지?

Annisa : 우리 기차 탈 거야. 나는 왕복 티켓 구매했어. 너도 우리 출발하기 전에 티켓 사 놔야 돼.

Ryan : 그래, 고마워!

☐ jalan-jalan 여행하다, 나들이 가다, 산책하다   ☐ asyik 기쁜   ☐ bawa 가져오다   ☐ dini hari 새벽

142

01 Kamu bikin aku cemburu! 진짜 부럽다!

A : Aku akan pergi ke Eropa! 나 유럽에 갈 거야!
B : Kamu bikin aku cemburu! 너 진짜 부럽다!

bikin은 '만들다'의 의미를 지닌 구어체입니다. 문어체에서는 'membuat'을 사용하는 게 맞지만, 발음이 조금 더 간단한 bikin을 많이 사용합니다. 영어의 'make'를 생각하면 이해가 빠를 거예요. 또한 bikin에 명사형으로 만드는 접사 '-an'이 결합하면 '만들어진 것'의 의미가 됩니다.

- Kamu bikin apa? 너 지금 뭐 만들어?
- Dia bikin aku tersenyum. 그/그녀는 날 미소 짓게 만들어.
- Makanan ini bikinan siapa? 이 음식 누가 만든 거야?
- Film ini bikinan siapa? 이 영화 누가 만든 거야?

02 Bagaimana cuaca di gunung Bromo? 브로모 화산 날씨는 어때?

A : Bagaimana cuaca hari ini? 오늘 날씨 어때?
B : Hari ini agak mendung dan sejuk. 오늘 좀 흐리고 시원해.

'날씨 어때?'는 간단히 'Cuacanya bagaimana?'라고 물어보면 됩니다. 가장 많이 쓰는 날씨 표현을 보고 문장에 넣어서 연습해 보세요.

cerah	맑은	panas	더운
berawan	구름 낀	dingin	추운
mendung	흐린	sejuk	시원한
turun hujan	비가 오다	hangat	따뜻한
turun salju	눈이 오다	berangin	바람 불다

독학 Plus

명사에 접사 ber가 붙은 형태는 '자동사'를 만드는 기능을 하는데요. ber 접사와 결합하면 뒤에 명사를 '소유하다, 입다' 등으로 많이 쓰이지만, 위와 같이 awan(구름), 그리고 angin(바람)은 소유할 수 없으므로 위와 같이 해석합니다. 자동사는 12과에서 자세히 다루겠습니다.

03 **Biasanya dingin.** 보통 추워.

> A : Biasanya aku pergi ke fitness sebelum masuk kerja. Kamu mau ikut?
> 보통 나는 출근 전에 헬스장 가. 너도 갈래?
>
> B : Mending aku tidur saja. 나는 그냥 더 자는 게 낫겠어.

앞서 어근에 접미사 '-nya'가 붙었을 때 바뀌는 의미에 대해서 배웠는데요. 이번에는 부사를 만드는 '-nya'입니다. 어근의 의미에서 크게 달라지지 않는 부사로 사용되기 때문에 어근의 의미를 먼저 파악한 후라면 문장을 풍부하게 사용할 수 있습니다. 다양한 부사를 예시 문장에 넣어서 한번 해석해 보세요.

* _____ dia suka ramen. _____ 그/그녀는 라면을 좋아한다.

sepertinya	아마도
kayaknya	
biasanya	보통, 일반적으로
katanya	~가 말하기를 (타인의 말을 전할 때)
pokoknya	중요한 건, 중점은
intinya	
sayangnya	아쉽게도, 안타깝게도
untungnya	운 좋게도
akhirnya	결국
awalnya	처음에는

04 **Aku sudah beli tiket pulang pergi.** 나는 왕복 티켓을 구매했어.

> A : Mau beli tiket yang mana? 어떤 티켓을 구매하시겠어요?
>
> B : Aku mau beli tiket pulang pergi. 왕복 티켓을 구매하고 싶습니다.

왕복 티켓은 tiket pulang pergi입니다. pulang은 원래 있던 장소로 '돌아가다'라는 동사이며, pergi는 '가다'입니다. 이렇게 두 단어가 결합해서 '왕복'이라는 의미가 됩니다. 참고로 편도 티켓은 tiket sekali jalan이라고 합니다. 여기서 sekali는 부사 '매우'의 의미가 아닌 '하나'를 의미하는 'se' 그리고 '횟수'를 의미하는 'kali'가 결합하여 '한 번'이라는 의미가 됩니다. jalan은 '길'을 의미하는 명사이니 두 단어가 결합하면 '편도'가 되는 거죠.

단어 및 표현

숙박 시설 이용에 필요한 단어와 표현을 익혀 봅시다.

단어	뜻	단어	뜻
kamar	방	kamar mandi	화장실
kloset	변기	handuk	수건
sikat gigi	칫솔	pasta gigi	치약
tempat tidur	침대	bantal	베개
selimut	이불	kasur	매트리스
air panas	뜨거운 물	pancuran air	샤워기
cuci baju	세탁	setrika	다리미

예문	뜻
Masih ada kamar?	아직 방이 있나요?
Untuk 2 orang.	두 사람이요.
Berapa per malam?	1박에 얼마인가요?
Saya mau cek-in/cek-out	체크인/체크아웃 하고 싶습니다.
Boleh saya lihat kamar dulu?	방 좀 먼저 볼 수 있을까요?
Saya mau bayar sekarang.	지금 결제하겠습니다.
Pakai kartu kredit.	신용카드로 결제하겠습니다.
Pakai uang tunai.	현금으로 결제하겠습니다.
Tolong bersihkan kamar.	방 청소 부탁드립니다.

01 Kamu bikin aku cemburu! 넌 날 질투나게 만들에!

Dia	marah
Mereka	senang
Anjing aku	bahagia
Kalian	terharu

☐ terharu 감동하다

02 Bagaimana cuaca di gunung Bromo? 브로모 화산 날씨가 어때요?

kabar	keluarga kamu
kondisi	Anda
keadaan	ekonomi Indonesia
rasa	makanan ini

☐ kabar 소식 ☐ kondisi 상태 ☐ keadaan 현황 ☐ ekonomi 경제
☐ rasa 맛, 느낌

03 Biasanya dingin. 보통 추워요.

Pokoknya	cerah
Sepertinya	mendung
Akhirnya	panas
Kayaknya	hangat

☐ **pokoknya** 중요한 건, 중점은　　☐ **sepertinya** 아마도　　☐ **akhirnya** 결국
☐ **sayangnya** 안타깝게도

04 Aku sudah beli tiket pulang pergi. 난 이미 왕복 티켓을 샀어.

	sekali jalan
tiket	kereta
	yang paling murah
	konser

☐ **tiket sekali jalan** 편도 티켓　　☐ **tiket yang paling murah** 가장 싼 티켓
☐ **tiket konser** 콘서트 티켓

Annisa : Selamat siang, apakah kamu sudah sampai di Korea?

Ryan : Ya, aku baru sampai di bandara Incheon.

Annisa : Wah, kamu bikin aku cemburu!

Ryan : Dulu kamu juga pernah ke Korea kan?

Annisa : Ya⋯. Sudah lama tidak pergi ke sana. Bagaimana cuaca di Korea? Pasti dingin kan?

Ryan : Ya, suhu Korea sudah mencapai -15 derajat Celsius.

Annisa : Benar? Kalau aku pergi ke Korea,

pasti aku akan mati karena kedinginan.

Ryan : Jangan bilang begitu. Aku sudah bawa baju hangat. Tidak apa-apa.

Annisa : Oh begitu, pokoknya jangan lupa jaga kesehatan ya.

Ryan : Terima kasih. Bagaimana cuaca di Bandung?

Annisa : Sejuk seperti biasa. Tadi turun hujan tapi sudah mereda.

Ryan : Oh kamu juga jaga kesehatan ya.

Annisa : Oke, terima kasih! Semoga perjalanan kamu menyenangkan!

Annisa : 안녕, 한국에 도착했니?

Ryan : 응, 인천 공항에 방금 도착했어.

Annisa : 와, 진짜 부럽다!

Ryan : 너도 예전에 한국에 와 봤었잖아?

Annisa : 응⋯. 거기에 안 간 지 오래 됐어. 한국 날씨는 어때? 좀 춥지?

Ryan : 응, 한국 기온은 영하 15도야.

Annisa : 진짜? 나 한국 가면 분명 추워서 얼어 죽을 거야.

Ryan : 에이 그렇게 말하지 마. 나는 따뜻한 옷 가져왔어. 괜찮아.

Annisa : 아, 그렇구나. 일단 건강 잘 챙기는 거 절대로 잊지 마.

Ryan : 고마워. 반둥 날씨는 어때?

Annisa : 평소와 같이 시원하지. 아까 비 내렸는데 지금은 그쳤어.

Ryan : 아 너도 건강 잘 챙겨야 해.

Annisa : 응, 고마워! 여행 즐겁길 바랄게!

☐ **dulu** 예전에　☐ **suhu** 온도　☐ **deajat Celsius** 섭씨 온도　☐ **kedinginan** 추위를 느끼다

☐ **turun hujan** 비가 내리다　■ **mereda** 줄어 들다　☐ **perjalanan** 여정

듣기 대화를 듣고 빈칸을 완성하세요. ♪ Track 48

(1) Ryan : _____?

　　Rini : Saya yang bikin makanan ini.

(2) Ryan : _____?

　　Rini : Cuacanya sejuk dan cerah.

(3) Ryan : Apa yang kamu suka?

　　Rini : _____.

(4) Ryan : Mau beli tiket apa?

　　Rini : _____.

읽기 다음 문장을 발음에 주의하여 잘 읽어 보세요. ♪ Track 49

(1) Kamu bikin aku kecewa.

(2) Bagaimana cuaca hari ini?

(3) Sayangnya dia tidak bisa datang ke sini.

(4) Aku akan beli tiket pulang pergi.

쓰기 우리말 의미를 참고하여 빈칸에 들어갈 알맞은 단어를 써 보세요.

(1) Film ini _____ aku geli. 이 영화는 저를 오글거리게 해요.

(2) _____ aku sampai di rumah. 결국에 집에 도착했다.

(3) Apakah kamu mau beli _____? 왕복 티켓을 구매하실 예정인가요?

말하기 우리말 문장을 앞에서 배운 어휘와 문형을 이용하여 인도네시아로 말해 보세요.

(1) 너는 나를 행복하게 해. _____

(2) 오늘 자카르타 날씨 어때? _____

(3) 그녀가 나를 좋아하는 것 같아. _____

(4) 왕복 티켓을 사고 싶어요. _____

Annisa

Selamat siang, apakah kamu sudah _____ _____ Korea?

Ya, aku baru sampai di bandara Incheon.

Ryan

Annisa

Wah, kamu _____ aku cemburu!

Dulu kamu juga pernah ke Korea kan?

Ryan

Annisa

Ya⋯. Sudah lama tidak pergi ke sana. Bagaimana _____ di Korea? Pasti dingin kan?

Ya, _____ Korea sudah mencapai -15 derajat Celsius.

Ryan

Annisa

Benar? Kalau aku pergi ke Korea, pasti aku akan mati karena _____.

Jangan bilang begitu. Aku sudah bawa baju hangat. Tidak apa-apa.

Ryan

인도네시아 사람들 (Orang Indonesia)

다양한 종족만큼이나 다양한 사람들이 사는 인도네시아. 인도네시아 사람들의 특성을 여기에 다 담을 수는 없습니다. 하지만 그들이 보편적으로 갖고 있는 특성에 따라 대체로 느꼈던 인도네시아 사람들의 이미지를 다음과 같이 소개합니다.

외국인에게 친절하다

인도네시아 사람들은 대체로 외국인에게 친절하며, 처음 보는 사이더라도 미소를 머금고 다가옵니다. 가끔 외국인을 보면 수군거리며 얘기하는 모습을 볼 수 있는데요. 호기심이 생겼거나 혹은 친해지고 싶어서 그러는 행동이며, 인도네시아에 있다 보면 자주 겪을 수 있는 일입니다.

거절을 잘 못한다

인도네시아 사람들은 대놓고 거절하는 것은 무례하다고 생각합니다. 그래서 면전에서 거절을 표현하는 일이 거의 없습니다. 따라서 이런 경우 대답을 회피하거나, '나중에'라고 대답합니다.

물어보면 일단 대답해 준다

일단 도움을 청하면 보통 모른다고 하지 않고 아는 한에서 도와주려고 합니다. 길을 물어봤더니 너무 친절하게 대답해 주는 인도네시아 사람에게 당황했던 적이 있는데요. 막상 그 길을 따라가니 이상한 곳이 나오더라고요. 이와 같은 경우도 있지만 보통 적극적으로 도와 주려고 합니다.

가족들에게 소개해 준다

집으로 흔쾌히 초대하여 가족에게 소개해 주는 인도네시아 사람들이 많습니다. 가족끼리도 허물 없이 지내며, 막상 가면 동네 친구들까지 모두 모아서 식사를 같이 하는 경우도 많습니다. 특히 라마단 기간에 금식을 해제할 때 가면, 악수를 30~40번 하면서 모든 가족이나 동네 주민들과 인사를 하는 일이 생길지도 모릅니다.

호기심이 많다

타인에 대한 호기심이 많은 편입니다. 그래서 다소 실례가 될 수 있는 질문들, 특히 나이, 결혼 여부 등을 물어보는 것이 이상한 일이 아닙니다. 다소 개인적인 질문을 하더라도 당황하지 마세요.

음식은 무조건 다 먹자

친구의 집에 초대를 받거나, 같이 음식을 먹게 됐을 때 배불러서 숟가락을 먼저 놓게 되면 'Habisin!'이라고 합니다. '남기지 말라!'는 의미인데요. 음식을 대접할 때는 많이 준비해 둡니다. 이와 함께 다 먹었을 때는 'Mau tambah lagi?'라고 물어보며 몇 번이고 더 주려고 합니다. 대접할 때는 확실히 대접하는 정이 많은 인도네시아인입니다.

UNIT 12

Semoga berhasil!

잘 되길 빌어요!

이번 단원에서
배울 것이
뭐죠?

• 자동사를 만드는 'ber-' 접사
• semoga(~하길 바라요)

알아 두면 좋은 표현!

Narsis   자기도취 성향이 강한

Narcissism에서 온 단어로, 자아 도취 성향이 강한 친구들을 부를 때 이 단어를 사용하는데요. 주로 셀카를 찍고 SNS에 도배하는 친구들에게 이 단어를 많이 사용합니다.

* Tongkat Narsis : 막대기를 의미하는 tongkat을 사용하여 '셀카봉'을 의미합니다.
* Kamu narsis banget! : 너 너무 자뻑이 심해!

회화 Semoga berhasil!
잘 되길 빌게!

Ryan : Annisa, sepertinya kamu kelihatan sangat gugup. Ada apa?

Annisa : Wah, ketahuan ya.

Ryan : Ya, silakan beri tahu aku.

Annisa : Sebenarnya besok ada wawancara kerja.

Ryan : Oh, selamat ya! Mungkin aku bisa bantu kamu.

Annisa : Oh iya, kamu pernah ikut wawancara kerja kan?

Ryan : Ya, akhirnya aku dapat kerja di perusahaan ini.

Seharusnya kamu berlatih dulu.

Annisa : Berlatih dengan apa?

Ryan : Sebaiknya kamu berlatih di depan kaca atau kamera untuk tahu penampilan kamu sendiri.

Annisa : Oh, sepertinya itu bermanfaat.

Ryan : Tentu saja, semoga berhasil. Aku doakan kamu!

Annisa : Makasih banyak ya!

Ryan : Annisa, 너 많이 긴장해 보여. 무슨 일 있어?
Annisa : 와, 알아챘니.
Ryan : 응, 나한테 알려 줘 봐.
Annisa : 사실은 내일 면접이 있어.
Ryan : 오, 축하해! 내가 널 도울 수 있을 것 같아.
Annisa : 아 맞다, 너 면접 본 적이 있었지?
Ryan : 응, 결국 이 회사에 취업했지. 일단 연습이 필요해.
Annisa : 뭘로 연습해?
Ryan : 너의 모습을 보기 위해 거울이나 카메라 앞에서 연습을 하는 게 좋을 거야.
Annisa : 오, 그거 효과가 있을 것 같아.
Ryan : 당연하지, 잘 되길 빌게. 널 위해 기도할게!
Annisa : 정말 고마워!

☐ gugup 긴장한　　☐ beri tahu 알려 주다　　☐ wawancara kerja 면접　　☐ dapat kerja 취업
☐ berlatih 연습하다　　☐ bermanfaat 유용하다　　☐ doakan kamu 널 위해 기도하다

01 Wah, ketahuan ya. 와, 알아챘니.

A : Sepertinya kamu kurang tidur. 너 잠 많이 못 잔 것 같아.
B : Wah, ketahuan ya. 와, 알아챘니.

앞서 ke-an 접사를 다룬 적이 있는데요. 이 접사에서 '~을 당하다'라는 의미도 있었습니다. 일상에서 많이 쓰는 표현으로 뭔가 들켰을 때 쓰이는 표현입니다. '알다'라는 의미의 어근 tahu에 ke-an 접사를 붙이면 '알아챘니', '알아챘구나'의 의미가 됩니다.

독학 Plus

'자다'라는 의미의 동사 tidur에 어떤 조동사 혹은 접사가 붙느냐에 따라 의미가 조금씩 달라지는데요. 어떻게 달라지는지 한번 살펴볼게요.

- belum tidur 잠을 못 잤다(밤새웠다)
- kurang tidur 잠을 덜 잤다
- tidak tidur 잠을 안 잤다
- ketiduran 잠들어 버리다

02 Silakan beri tahu aku. 내게 알려 줘.

A : Aku punya masalah sama teman. 나 친구와 문제가 있어.
B : Silakan beri tahu aku. 내게 알려 줘.

'알다'라는 의미의 'tahu'와 '주다'라는 의미의 어근 'beri'가 결합하여 '알려 주다'의 의미로 쓰였습니다. 구어체에서는 'kasih tahu'도 많이 사용됩니다. 참고로 '찾다'라는 의미의 어근 'cari'와 결합하여 'cari tahu'가 되면 '찾아서 알아보다' 즉, '찾아보다'의 의미가 됩니다.

- Tolong beri tahu(=kasih tahu) aku. 내게 알려 줘.
- Silakan cari tahu jawabannya! 답을 찾아보세요!

03 *Seharusnya kamu berlatih dulu.* 너는 우선 연습부터 해야 돼.

    A : Aku mau lancar bermain piano. 나 피아노 연주하고 싶어.
    B : Seharusnya kamu berlatih dulu. 너는 우선 연습부터 해야 돼.

● 자동사를 만드는 ber- 접사

어근과 ber- 접사가 결합하게 되면, 목적어가 필요하지 않은 자동사 형태가 됩니다. 자주 쓰이는 단어를 통해서 몇 가지 표현을 알아볼게요.

〈동사의 어근과 결합할 경우〉

berhasil (성공하다)

· Semoga berhasil! 잘 되길 빌어요!, 성공하길 빌어요!

berlari (뛰다)

· Aku sedang berlari. 나는 지금 뛰고 있어.

〈명사와 결합할 경우〉

소유할 수 있는 물건인 경우

berkacamata (안경을 쓰다, 갖고 있다)

· Ibu saya berkacamata. 우리 어머니는 안경을 씁니다.

berbaju (옷을 입다, 갖고 있다)

· Dia berbaju merah. 그/그녀는 빨간 옷을 입고 있다.

독학 Plus

'쓰다/입다'의 표현은 따로 있기 때문에 해당하는 의미의 동사를 익힐 필요가 있으며, '갖고 있다, 소유하다'는 punya를 더욱 많이 사용하니 참고 바랍니다.

소유할 수 없는 경우

bekerja (일하다)

· Teman saya bekerja di Indonesia. 제 친구는 인도네시아에서 일합니다.

belajar (공부하다)

· Saya sedang belajar bahasa Indonesia. 저는 지금 인도네시아어를 배우는 중입니다.

독학 Plus

위 두 단어의 경우 원래대로라면 berkerja, berajar가 되어야 하지만 발음을 용이하게 하기 위해 변형된 형태입니다.

〈감정을 나타내는 형용사와 결합할 경우〉

berbahagia (행복하다)

- Semoga berbahagia. 행복하길 바라요.

bersedih (슬프다)

- Jangan bersedih. 슬퍼하지 말아요.

'느끼다'라는 동사는 merasa를 쓰는데요. merasa 뒤에 바로 감정 형용사를 써도 위의 'ber + 감정 형용사' 형태와 같은 의미가 됩니다. 예를 들어서 위의 감정 형용사와 merasa가 결합할 경우 merasa bahagia, merasa sedih와 같이 쓸 수 있습니다.

〈숫자와 결합할 때〉

bersatu (하나가 되다)

- Mari kita bersatu. 우리 모두 하나가 됩시다.

berdua (둘이서)

- Kenangan kita berdua akan tetap abadi. 우리 둘의 추억은 앞으로 계속 영원할 거야.

bertiga (셋이서)

- Mereka bertiga sedang pergi ke mall. 그들 셋이서 몰에 가고 있다.

1을 의미하는 satu가 ber와 결합할 때를 제외하고는 모두 집합체를 만들어 주는 역할을 합니다. 위의 예문과 같이 '걔 네 둘이서', '그들 셋이서'처럼 주어를 한정시켜 구체적인 수를 표현할 수 있습니다.

---

04 **Semoga berhasil.** 잘 되길 빌어요.

A : Saya akan bekerja di luar negeri. 저 외국에서 근무할 예정이에요.
B : Semoga berhasil! 잘 되길 빌어요!

semoga는 '~하길 바랍니다'라는 의미로 쓰입니다. 다음 예문을 통해 자주 쓰이는 표현을 익혀 보도록 하겠습니다.

- Semoga cepat sembuh. 빨리 낫길 바라요.
- Semoga berbahagia. 행복하길 빕니다.

semoga 대신 mudah-mudahan을 쓰기도 한답니다.

01

Seharusnya kamu berlatih dulu. 너 연습부터 해야 돼.

Sepertinya	berlari dengan cepat
Kayaknya	bermain game dengan pintar
Sebaiknya	berpakaian dengan rapi
Sebenarnya	bernyanyi dengan merdu

□ **berlari dengan cepat** 빠르게 뛰다　　□ **bermain game** 게임하다
□ **berpakaian** 옷을 입다　　□ **rapi** 단정한　　□ **bernyanyi merdu** (목소리가) 아름다운

02

Semoga berhasil. 잘 되길 빕니다.

	cepat sembuh
Semoga	selalu sukses
	selalu berbahagia
	selalu sehat

□ **cepat** 빨리　　□ **sembuh** 회복되다　　□ **sukses** 성공하다　　□ **berbahagia** 행복한
□ **sehat** 건강한

많이 쓰이는 ber- 동사를 아래의 예문과 함께 익혀 보겠습니다. 아래 동사 중 전치사와 함께 많이 쓰이는 동사의 경우, 전치사와 함께 표기했으니 참고해 보세요. 전치사와 함께 익히는 것이 실력 향상에 도움됩니다.

ber- 동사	뜻	예문
berasal dari	~출신이다	Saya berasal dari Korea.
bercerai	이혼하다	Mereka sudah bercerai.
bernama	~라고 불리다	Saya bernama Ryan.
berkeluarga	가정을 꾸리다	Dia sudah berkeluarga.
berkeringat	땀 흘리다	Saya selalu berkeringat.
berhenti	멈추다	Tolong berhenti di lampu merah.
berbicara	말하다	Tolong berbicara dengan jujur.
berbahasa	언어를 구사하다	Apakah Anda bisa berbahasa Inggris?
berbeda	다르다	Budaya Korea dan Indonesia berbeda.
berbahagia	행복하다	Semoga berbahagia.
bersemangat	힘내다	Ayo bersemangat!
bertengkar	말다툼하다	Mereka sering bertengkar.
berbohong	거짓말하다	Jangan berbohong!
bertemu dengan	~와 만나다	Nanti aku akan bertemu dengan teman aku.
bekerja	일하다	Saya bekerja di Indonesia.

☐ jujur 솔직한   ☐ budaya 문화

술술 나오는 **회화**

Ryan : Hai Rini, ada apa? Sepertinya kamu sedang murung.

Rini : Ya, karena aku putus sama pacar.

Ryan : Aduh, berapa lama kamu berpacaran sama dia?

Rini : Kira-kira lebih dari 3 tahun.

Ryan : Wah, cukup lama ya.

Rini : Ya, tapi tidak apa-apa. Aku bersemangat untuk cari cowok yang lain.

Ryan : Baik. Nanti aku ajak kamu untuk berkenalan dengan teman aku.

Rini : Wah, apa dia sahabat kamu?

Ryan : Ya, dia sedang bekerja di Jakarta dan ganteng juga.

Kami berteman sejak anak SD.

Rini : Aku baru tahu kamu punya sahabat seperti dia.

Ryan : Jadi jangan putus asa dulu. Aku berjanji dengan teman aku dulu ya.

Rini : Oke, aku tunggu ya.

Ryan : 안녕 Rini, 무슨 일이야? 너 좀 우울해 보여.
Rini : 응, 나 남자 친구랑 헤어졌어.
Ryan : 아이고, 그분이랑 얼마나 사귀었는데?
Rini : 대략 3년 정도.
Ryan : 와, 충분히 오래 사귀었네.
Rini : 응, 근데 괜찮아. 다른 남자 찾기 위해 힘내야지.
Ryan : 좋아. 나중에 너 데리고 가서 내 친구 소개해 줄게.
Rini : 와, 너랑 친한 친구야?
Ryan : 응, 지금 자카르타에서 일하고, 잘생겼어. 초등학교 때부터 친구야.
Rini : 너에게 그런 친구가 있는지 지금 알았네.
Ryan : 그러니까 절망하지 마. 나 친구랑 먼저 약속 잡을게.
Rini : 그래, 기다릴게.

독학 Plus

접사 ber-an의 경우에는 '서로 ~하다'라는 의미가 있습니다. 연애는 혼자 하는 게 아니죠? 그래서 berpacaran입니다. 위에 berkenalan 또한 '~와 알고 지내다, 통성명하다' 의미로 사용하면 됩니다. 이와 같은 의미가 있기 때문에, 당연히 전치사 dengan 또는 sama와 함께 쓰이니 같이 묶어서 외우면 편리합니다.

□ murung 우울한 　□ putus 헤어지다, 끊다 　□ bersemangat 힘내다
□ berkenalan dengan ~와 알고 지내다 　□ berteman 친구가 되다 　□ putus asa 좌절하다

대화를 듣고 빈칸을 완성하세요. 🎧 Track 52

(1) Ryan : Kelihatannya kamu kurang tidur.

Rini : _____.

(2) Ryan : Soal ini membuat aku kepikiran.

Rini : _____.

(3) Ryan : Bagaimana cara jago bernyanyi?

Rini : _____.

(4) Ryan : Besok ada ujian bahasa Inggris!

Rini : _____!

다음 문장을 발음에 주의하여 잘 읽어 보세요. 🎧 Track 53

(1) Sepertinya itu bermanfaat.

(2) Aku bisa berbahasa Indonesia.

(3) Aku berkacamata saat bekerja.

(4) Senang berkenalan dengan kamu.

우리말 의미를 참고하여 빈칸에 알맞은 단어를 써 보세요.

(1) Silakan _____ aku. 내게 알려 줘.

(2) Aku _____ tidur karena ada ujian. 나 시험이 있어서 못 잤어.

(3) _____ cepat sembuh. 빨리 낫길 바라요.

우리말 문장을 앞에서 배운 어휘와 문형을 이용하여 인도네시아로 말해 보세요.

(1) 그들 셋이서 노래를 부르고 있다. _____

(2) 슬퍼하지 말아요. _____

(3) 넌 공부 먼저 해야 돼. _____

(4) 나는 3년째 연애 중이야. _____

Ryan

Hai Rini, ada apa?
Sepertinya kamu
sedang _____.

Ya, karena aku _____
sama pacar.   Rini

Ryan

Aduh, berapa lama kamu
_____ sama dia?

Kira-kira lebih dari 3
tahun.   Rini

Ryan

Wah, cukup lama ya.

Ya, tapi tidak apa-apa.
Aku bersemangat untuk   Rini
cari cowok yang lain.

Ryan

Baik. Nanti aku ajak kamu
untuk _____ dengan
teman aku.

Wah, apa dia sahabat
kamu?   Rini

Ryan

Ya, dia sedang bekerja di
Jakarta dan ganteng juga.
Kami _____ sejak anak
SD.

Aku baru tahu kamu
punya sahabat seperti dia. Rini

Ryan

Jadi jangan _____ dulu.
Aku berjanji dengan teman
aku dulu ya.

Oke, aku tunggu ya.
                     Rini

budaya

바띡 (Batik)

인도네시아에 가면 많은 사람이 특이한 문양의 셔츠를 입고 있는 모습을 심심치 않게 볼 수 있습니다. 이 문양을 '바띡(Batik)'이라고 합니다. 원래 바띡이라는 말은 '점이나 얼룩이 있는 천'이라는 뜻의 암바띡(ambatik)에서 유래했습니다.

인도네시아 사람들은 '바띡'에 대한 애정이 남다릅니다. 그래서 매주 금요일이면 공무원들은 거의 의무적으로 바띡을 입고 출근을 하며, 사기업에 다니는 직장인들도 바띡을 입고 출근합니다. 또한 10월 2일은 '바띡의 날(hari Batik Nasional)'로 지정돼 있을 정도입니다. 이날은 거의 모든 사람들이 바띡을 입고 일상생활을 합니다.

바띡은 어디서든 구매할 수 있습니다. 몰에 가면 Batik Keris라는 대표적인 바띡 브랜드에서 구매할 수 있고, 동네에 있는 시장에서도 구입 가능합니다. 특히 족자카르타에 가면 바띡을 만들고 있는 모습도 직접 구경할 수 있습니다.

요즘 우리나라에서도 한복을 입고 기념 사진을 찍는 일이 예전보다 잦아졌지만, 인도네시아처럼 본인들의 문화가 고스란히 담긴 의복을 사랑하는 나라가 없을 겁니다. 공식적인 행사, 혹은 친목 도모의 모임 자리에서도 바띡을 입고 가면 항상 환영받습니다. 특히 외국인이 입으면, 인도네시아를 사랑한다고 생각하여 더욱 친근하게 생각합니다.

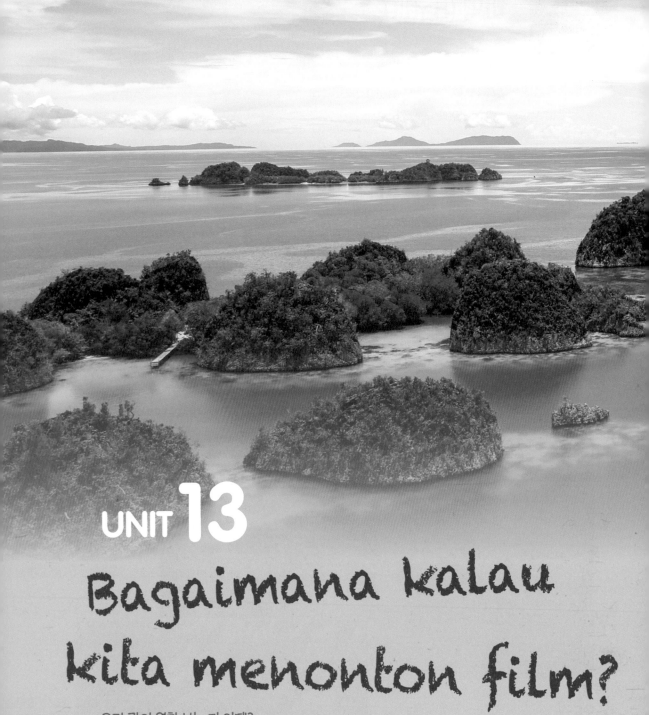

UNIT 13

Bagaimana kalau
kita menonton film?

우리 같이 영화 보는 거 어때?

164

이번 단원에서
배울 것이
뭐죠?

• 타동사를 만드는 me- 접사
• walaupun(그럼에도 불구하고)

알아 두면 좋은 표현!

Ya, udah 그래, 됐어.

조동사 'sudah'를 구어체에서는 'udah'로 많이 사용합니다. 'sudah' 자체가 간단한 대답으로 사용되기도
하는데요. '이미 했어'라고 얘기할 때 'udah'라고 간단히 대답할 수 있습니다. 'Ya, udah'의 경우에는 실망감
혹은 체념해야 할 때 주로 사용됩니다.

Hari ini tidak bisa bertemu. 오늘 못 만날 것 같아.
Ya, udah. 그래, 됐어.

Ryan : Aduh, lagi bete banget.

Rini : Kamu tidak bekerja hari ini?

Ryan : Ya, aku lagi cuti selama minggu ini.

Rini : Oh begitu, bagaimana kalau kita menonton film?

Ryan : Wah bagus, aku sudah lama tidak menonton film di bioskop.

Rini : Kamu pernah menonton film hantu Indonesia?

Ryan : Sebenarnya aku kurang suka film hantu.

Rini : Kamu wajib menonton film hantu Indonesia.

Ryan : Memang kenapa?

Rini : Karena banyak orang Indonesia sangat suka film hantu!

Penasaran kan?

Ryan : Ya, aku ikut kamu walaupun aku tidak suka film hantu.

Rini : Jangan menyesal walaupun film hantu membuat kamu takut.

Ryan : Kamu jahat!

Ryan : 아, 정말 심심해 죽겠다.
Rini : 너 오늘 일 안 해?
Ryan : 응, 이번 주 동안은 휴가야.
Rini : 그렇구나, 그러면 나랑 영화 보는 거 어때?
Ryan : 오 좋아, 나 영화관에서 영화 안 본 지 오래됐어.
Rini : 너 인도네시아 귀신 영화 본 적 있어?
Ryan : 사실 나는 귀신 영화 별로 안 좋아해.
Rini : 너 인도네시아 귀신 영화 무조건 봐야 돼.
Ryan : 도대체 왜?
Rini : 왜냐하면 많은 인도네시아 사람들이 귀신 영화를 좋아하니까! 궁금하지 않아?
Ryan : 그래, 비록 귀신 영화를 좋아하지는 않지만 널 따라갈게.
Rini : 귀신 영화가 널 겁나게 만들더라도 후회하지 마.
Ryan : 너 잔인해!

□ **bete** 심심한　　□ **cuti** 휴가　　□ **bioskop** 영화관　　□ **wajib** 필수로, 반드시　　□ **penasaran** 궁금해하는

회화 설명

01 Aduh, lagi bete banget! 아, 정말 심심해 죽겠다!

> A : Aduh, lagi bete banget! 아, 정말 심심해 죽겠다!
> B : Oh ya? Bagaimana kalau cuci piring? 오 그래? 설거지하는 거 어때?

● **은어 bete**

bete는 bosan과 바꿔 쓸 수 있습니다. 하지만 bete라는 표현으로 더욱 널리 사용하는데요. 사실 이 단어는 'boring today', 'boring time', 'bosan time' 등에서 유래했다고 합니다. 어쨌든 지루함을 표현하기에 가장 적합한 단어예요. 보통 지루한 것이 현재 진행 중이기 때문에 'sedang', 'lagi' 등과 같이 씁니다. 구어체에서는 물론 'lagi'가 더 많이 사용되고요.

02 Bagaimana kalau kita menonton film? 우리 같이 영화 보는 거 어때?

> A : Bagaimana kalau kita menonton film? 우리 같이 영화 보는 거 어때?
> B : Tidak mau. Aku mau menonton film di rumah. 싫어. 나는 집에서 영화 볼래.

● **타동사를 만드는 'me-' 접사**

'타동사'는 목적어를 수반하는 동사죠. 어근에 'me-' 접사가 결합하면 타동사가 되는데요. 다음을 통해 어떻게 사용되는지 알아보겠습니다.

〈동사 어근과 결합할 경우〉

어근의 의미를 동사화합니다. 구어체에서는 접사 없이도 쓸 수 있지만 문어체에서는 접사를 꼭 붙여야 완벽한 문장이 된다는 점을 잊지 마세요.

mengajar (가르치다)

- Beliau mengajar bahasa Inggris. 그분은 영어를 가르치십니다.

membeli (사다)

- Saya sudah membeli sepatu baru. 저는 새 신발을 샀어요.

mendengar (듣다)

- Teman aku suka mendengar musik saat belajar. 내 친구는 공부할 때 음악 듣는 걸 좋아해.

〈형용사 어근과 결합할 경우〉

접사 'me-'와 형용사 어근이 결합할 경우, '어근의 의미처럼 되다', '점점 ~가 되다'가 됩니다. 아래의 예문을 통해서 익혀 보겠습니다.

membesar (커지다)

- Total utang pemerintah terus membesar. 정부의 부채가 계속 늘어나고 있다.

memerah (빨갛게 되다)

- Wajahku memerah setelah berolahraga. 내 얼굴은 운동 후에 빨갛게 된다.

menggemuk (살이 찌다)

- Makanan ini bisa membuat Anda menggemuk. 이 음식은 당신을 살찌게 할 수 있다.

〈명사 어근과 결합할 경우〉

접사 'me-'와 명사 어근이 결합할 경우, '어근의 의미를 갖고 ~을 하다'가 됩니다. 예문을 통해 익혀 보겠습니다.

mendarat (착륙하다) *어근 : darat

- Pesawat Indonesian Air telah mendarat. 인도네시아 항공이 착륙했습니다.

mengunci (잠그다) *어근 : kunci

- Jangan lupa mengunci pintu rumah. 문 잠그는 것 잊지 마세요.

menari (춤추다) *어근 : tari

- Hobi saya adalah menari. 제 취미는 춤추기입니다.

03 Aku sudah lama tidak menonton film. 나 영화 안 본 지 오래됐어.

A : Bagaimana kita menonton film pada malam ini? 이따가 밤에 우리 같이 영화 보는 거 어때?
B : Baik! Sebenarnya aku sudah lama tidak menonton film.
좋아! 사실 영화 안 본 지 오래됐어.

● **sudah lama tidak ~ 안 한 지 오래된**

어떤 것을 안 한 지 오래됐을 때 이와 같은 표현을 사용할 수 있습니다. 자주 쓰이는 표현을 통해서 익혀 보도록 하겠습니다.

- Aku sudah lama tidak bertemu dengan kamu! 나 널 안 만난 지 오래됐어!
- Dia sudah lama tidak makan ayam goreng karena diet.
그/그녀는 다이어트 때문에 치킨을 안 먹은 지 오래됐어.

04 Aku ikut kamu walaupun aku tidak suka film hantu.
귀신 영화를 좋아하지 않지만 널 따라갈게.

A : Bagaimana kalau kita menonton film hantu? 우리 귀신 영화 보는 거 어때?
B : Aku ikut kamu walaupun aku tidak suka film hantu.
귀신 영화를 좋아하지 않지만 널 따라갈게.

'비록', '그럼에도 불구하고'를 의미하는 접속사 walaupun을 위의 문장과 같이 사용할 수 있습니다. 같은 의미로 쓰이는 'meskipun', 'biarpun'도 있지만 구어체/문어체 통틀어서 가장 많이 쓰이는 단어는 'walaupun'이니 아래 예문을 통해서 익혀 두세요!

- Aku makan ayam goreng walaupun sedang diet. 나는 비록 다이어트를 하지만 치킨을 먹는다.
- Dia suka berwisata walaupun tidak menabung uang. 그/그녀는 저축하지는 않지만 여행을 좋아한다.
- Dia menunggu aku walaupun sudah larut malam. 한밤중인데도 그/그녀는 나를 기다렸다.

어근에 me- 접사가 결합하면 왜 어근이 변해요?

인도네시아어를 공부하다가 특히 me- 접사와 어근의 결합 시 일어나는 변화 때문에 어려워하는 분들이 많습니다.
me- 접사는 주로 목적어를 필요로 하는 타동사를 만드는데요. 이 과정에서 비음화가 이루어집니다.
다음 표를 통해서 알아볼게요.

me + 어근	어근의 첫 글자	예시
mem(p)	b, f, v	**b** : membeli, membangun **f** : memfitnah, memfotokopi **v** : memveto, memvonis **(p)** : mem(p)ikir, mem(p)uji
men(t)	c, d, j	**c** : mencukur, mencuci **d** : mendua, mendaki **j** : menjadi, menjual **(t)** : men(t)olong, men(t)arik
meng(k)	모음, g, h	**a** : mengabadi, mengalir **e** : mengelus, mengeong **i** : mengikat, mengiring **o** : mengolah, mengomel **u** : mengupil, mengulang **g** : mengganggu, menggaji **h** : menghafal, menghina **(k)** : meng(k)umpul, meng(k)irim
meny(s)	–	**(s)** : meny(s)apu, meny(s)empit
me	나머지 글자 (l, m, n, r, w, y)	**l** : melebar, melatih **m** : memasak, memuat **n** : menaik, menanti **r** : merombak, merusak **w** : mewabah, mewisuda **y** : meyakini
menge	단모음	mengebom, mengecat, mengerem

위와 같이 단어의 첫 글자가 p, t, k, s로 시작하는 경우, 이를 생략한 형태로 결합합니다. 물론 구어체에서는 접사를 생략해서 쓰는 경우가 많습니다. 하지만 인도네시아어는 접사에 따라서 의미가 달라질 수 있으므로, me 접사가 어근과 결합할 때의 경우를 외워야 합니다. 표만 보고 '언제 외우나' 할 수도 있는데요. 위 접사 변화는 입 모양의 변화에 따라 가장 자연스럽게 발음되게끔 결합된 형태입니다. 위의 대표적인 단어들을 소리 내어 읽고 익숙해진 후, 새로운 어근에 적용시키면 빠르게 익힐 수 있습니다.

01

Bagaimana kalau kita menonton film? 우리 같이 영화 보는 거 어때?

kalau	membaca komik
	membeli sepatu
jika	mengajar bahasa Korea
	mendaki gunung itu

☐ **membeli** 사다　☐ **sepatu** 신발　☐ **mengajar** 가르치다　☐ **mendaki** (산을) 타다
☐ **gunung** 산

02

Aku ikut kamu walaupun aku tidak suka film hantu.

귀신 영화는 싫어하지만 널 따라갈게.

suka kamu	kamu tidak suka aku
tetap berusaha	kemungkinannya kecil
suka berbelanja	harganya mahal
lebih suka dia	jarang bertemu

☐ **tetap** 고정된, 변함없는　☐ **berusaha** 노력하다　☐ **kemungkinan** 가능성
☐ **jarang** 거의 ~하지 않은

많이 쓰이는 me- 동사를 아래의 예문과 함께 익혀 봅시다.

me- 동사	뜻	예문
membaik	좋아지다	Kondisi saya sedang membaik.
meninggal	죽다	Kakek saya telah meninggal dunia.
memutih	하얗게 되다	Rambut saya sudah memutih.
membalas	답장하다, 대답하다	Dia belum membalas email saya.
menilai	평가하다	Jangan menilai orang dari penampilan.
mencukur	면도하다	Aku mencukur kumis setiap pagi.
memukul	때리다	Pacar saya selalu memukul boneka.
menangis	울다	Jangan menangis.
mengeluh	탄식하다	Dia suka mengeluh kepada aku.
memotong	자르다	Saya ingin tahu cara memotong durian.
menari	춤추다	Hobi saya adalah menari.
membuka	열다	Dia membuka restoran baru.
menutup	닫다	Aku sudah menutup akun ini.
mengunci	잠그다	Jangan lupa mengunci pintu.
membuat	만들다	Dia membuat saya tersenyum.

☐ rambut 머리카락, 털　　☐ penampilan 외모　　☐ kumis 콧털　　☐ akun 계정

Ryan : Aku lagi bete banget!

Rini : Kamu tidak pergi ke mana-mana?

Ryan : Tidak. Tapi aku sudah bosan pergi ke mall.

Rini : Kalau begitu bagaimana kalau kita menonton film?

Ryan : Aku sudah menonton semua film terbaru.

Rini : Apakah kamu suka jalan-jalan?

Ryan : Tentu saja! Kenapa tidak suka?

Rini : Bagaimana kalau kita pergi ke Taman Safari?

Ryan : Oh, aku pernah mendengar tempat itu.

Banyak hewan ada di sana, kan?

Rini : Ya, kira-kira makan waktu 2 jam dari sini asal tidak macet.

Ryan : Oke. Aku yang menyetir mobil.

Rini : Asyik!

Ryan : 아 심심해 죽겠다.
Rini : 너 어디 안 가?
Ryan : 안 가. 이미 몰에 가는 거 너무 지겨워.
Rini : 그럼 같이 영화 보러 가는 거 어때?
Ryan : 나 이미 최신 영화 다 봤는 걸.
Rini : 너 나들이 가는 거 좋아해?
Ryan : 당연하지! 왜 안 좋아하겠어?
Rini : 우리 따만 사파리에 가는 거 어때?
Ryan : 오, 나 거기 들어본 적 있어. 동물 되게 많지?
Rini : 응, 막히지만 않는다면 여기서 2시간 정도 걸릴 것 같아.
Ryan : 그래, 내가 운전할게.
Rini : 좋았어!

독학 Plus

• mana-mana : mana를 두 번 반복하면 '어디든'
이라는 표현이 됩니다. '어디 안 가?'라고 물어보고 싶
을 때는 'Tidak ke mana-mana?'라고 합니다.

• terbaru : 형용사 '새로운'의 의미를 나타내는 단어
'baru'와 접사 ter가 결합된 단어입니다. 형용사가 접
사 ter와 결합할 경우 '최상급'의 의미를 만듭니다. 그
래서 '최신의'라는 의미로 사용됐습니다.

• asal : '기초, 기원'을 의미하는 단어입니다. 다만 회화
에서는 '~라면'의 의미로 쓰입니다. 시간 약속을 잡을
때, 뒤에 'asal tidak macet'을 덧붙입니다. 교통체
증 때문에 약속을 못 지킬 수 있는 상황이 많이 벌어
지기 때문입니다.

• menyetir : '운전대'를 의미하는 명사 'setir'와
'me-' 접사가 결합하여 동사 '운전하다'가 됐습니다.

• asyik : 감탄사로 신나거나 기쁠 때 사용합니다.
'nice!'라고 하고 싶을 때 이 단어를 쓰시면 됩니다.

듣기 대화를 듣고 빈칸을 완성하세요. 🎧 Track 56

(1) Ryan : _____.

   Rini : Ayo kita bertemu!

(2) Ryan : _____?

   Rini : Oke. Aku yang beli tiket!

(3) Ryan : _____!

   Rini : Ya, makanya!

(4) Ryan : _____!

   Rini : Terima kasih banyak!

읽기 다음 문장을 발음에 주의하여 잘 읽어 보세요. 🎧 Track 57

(1) Aku pasti bete banget kalau tidak ada komputer.

(2) Bagaimana kalau kita pergi ke mall?

(3) Aku sudah lama tidak minum bir.

(4) Dia selalu bangun pagi-pagi walaupun sering bekerja lembur.

쓰기 우리말 의미를 참고하여 빈칸에 알맞은 단어를 써 보세요.

(1) Kamu tidak ke _____? 너 어디 안 가?

(2) Aku selalu berolahraga _____ tidak bekerja lembur.

   난 야근을 하지 않는다면 항상 운동해.

(3) Siapa yang _____ mobil? 누가 운전할래?

말하기 다음 우리말 문장을 앞에서 배운 어휘와 문형을 이용하여 인도네시아로 말해 보세요.

(1) 나 너무 심심해.   _____

(2) 술을 마신 후에 내 얼굴은 빨갛게 돼.   _____

(3) 내 취미는 독서야.   _____

(4) 아직 배가 부르지만 빵은 먹을 수 있어.   _____

Ryan
Aku lagi _____ banget!

Kamu tidak pergi ke
_____?
Rini

Ryan
Tidak. Tapi aku sudah bosan pergi ke mall.

Kalau begitu bagaimana kalau kita menonton film?
Rini

Ryan
Aku sudah menonton semua film _____.

Apakah kamu suka jalan-jalan?
Rini

Ryan
Tentu saja! Kenapa tidak suka?

Bagaimana kalau kita pergi ke Taman Safari?
Rini

Ryan
Oh, aku pernah mendengar tempat itu. Banyak hewan ada di sana, kan?

Ya, kira-kira makan waktu 2 jam dari sini _____ tidak macet.
Rini

Ryan
Oke. Aku yang _____ mobil.

_____!
Rini

당둣 (Dangdut)

budaya

인도네시아에서 시장을 가거나, 혹은 소형 버스 등을 타면 항상 들리는 음악이 있습니다. 물론 음악은 다르지만, 거의 4비트 혹은 8비트의 음악입니다. 이를 바로 당둣이라고 합니다. 이 음악을 듣고 나서 조금 친숙하게 들렸던 건, 바로 우리에게 '뽕짝', 즉 트로트가 있기 때문입니다.

당둣은 1945년 인도네시아 독립 이후, 전통 음악에 서양 악기의 조합으로 독특하게 발전해 왔습니다. 그리고 여기에 삶의 애환, 그리고 사랑 얘기를 가사로 담아 국민 가요 장르로 성장해 왔습니다. 다만 트렌디하지 못하기 때문에 요즘에는 주로 시장 한복판이나 버스에서 많이 들립니다.

하지만 당둣과 타 장르와의 융합, 특히 당둣 팝, 당둣 락 등의 새로운 장르가 선보여지고 있습니다. 물론 이러한 움직임이 있음에도 불구하고 모든 젊은이들의 이목을 끌지는 못합니다. 실제로 '당둣'은 '시대가 지난 음악'이라고 여기는 젊은이들이 많기 때문입니다.

다만 우리나라에도 트로트 장르를 다시 되살리려고 노력하는 많은 가수들이 있듯이, 인도네시아에도 이러한 움직임이 있습니다, 인도네시아의 문화를 이해하기 위해 한 번쯤 들어 보는 건 어떨까요?

Bisakah kamu membelikan aku masker?

내게 마스크 좀 사다 줄 수 있어?

이번 단원에서
배울 것이
뭐죠?

- 다양한 접사 (me-i, me-kan)
- 기능어 pun

알아 두면 좋은 표현!

Ngomong apa? 뭐라고 했지?

'말하다'의 의미를 가진 동사가 많습니다. Bilang, mengatakan 등이 있는데요. 구어체에서 간단하게 쓰이는 표현은 ngomong입니다. '뭐라고 했어?', '뭐라고?'라고 말하고 싶을 때는 위와 같이 말해 보세요.

*ngomong-ngomong은 부사로 '그런데'입니다. 화제를 전환할 때 사용합니다.

회화

Bisakah kamu membelikan aku masker?

마스크 좀 사다 줄 수 있어?

 Track 58

Rini : Annisa! Kamu sudah sampai di Korea?

Annisa : Ya, aku baru sampai di hotel.

Kali ini teman Korea menemani aku untuk jalan-jalan!

Rini : Wah, sepertinya menyenangkan!

Annisa : Ya, seru banget! Makanan pun enak sekali!

Rini : Kamu bikin aku cemburu! Oh, boleh aku menitip oleh-oleh?

Annisa : Ya, kenapa tidak boleh? Mau menitip apa?

Rini : Bisakah kamu membelikan aku masker?

Aku dengar masker murah sekali jika langsung beli di Korea.

Annisa : Merek apa?

Rini : Natural Republic.

Annisa : Baik. Aku akan membelikan kamu masker.

Besok ada waktu untuk berbelanja.

Rini : Terima kasih banyak, Annisa! Kamu baik sekali!

Rini : Annisa! 너 한국에 도착했어?

Annisa : 응, 나 방금 호텔에 도착했어. 이번에는 내 한국 친구가 여행에 동행해 주기로 했어!

Rini : 우와, 재미있겠다!

Annisa : 응, 너무 즐거워! 음식도 엄청 맛있어!

Rini : 너무 부럽다! 오, 혹시 기념품 좀 부탁해도 될까?

Annisa : 응, 왜 안 되겠어? 뭐 부탁하고 싶은데?

Rini : 마스크 좀 사다 줄 수 있어? 한국에서 바로 구매하면 마스크가 엄청 싸다고 들었어.

Annisa : 무슨 브랜드?

Rini : Natural Republic.

Annisa : 그래. 마스크 사다 줄게. 내일 쇼핑할 시간 있을 것 같아.

Rini : 진짜 고마워, Annisa! 정말 친절하구나!

□ **seru** 즐거운, 재미있는, 신나는   □ **menitip** 부탁하다

178

01 Teman Korea menemani aku untuk jalan-jalan!

한국 친구가 여행에 동행해 주기로 했어!

A : Aku khawatir kamu karena pergi ke Korea sendiri. 한국에 혼자 가서 네가 걱정돼.

B : Jangan khawatir! Teman Korea menemani aku untuk jalan-jalan!
걱정 마! 한국 친구가 동행해 주기로 했어!

● me-i 접사

앞서 'me-' 접사를 배웠었는데요. 이번에는 접미사 '-i'까지 있네요. 접미사가 어근에 같이 결합한 경우에는 주로 '~에게, ~을, ~와'의 의미를 포함합니다. 다음의 예문을 통해서 익혀 보도록 할게요.

membiayai (~을 지불하다)　*어근 : biaya

- Orang tua saya membiayai uang kuliah. 부모님께서 등록금을 내주신다.

mencintai (~을 사랑하다)　*어근 : cinta

- Orang tua saya selalu mencintai keluarga saya. 부모님은 항상 우리를 사랑하신다.

menemani (~와 동행하다)　*어근 : teman

- Dia menemani aku untuk pergi ke bandara. 그/그녀는 공항 가는 길을 나와 동행했다.

02 Bisakah kamu membelikan aku masker? 마스크 좀 사다 줄 수 있어?

A : Bisakah kamu membelikan aku masker? 마스크 좀 사다 줄 수 있어?

B : Uangku sudah habis. 내 돈 이미 다 썼어.

● me-kan 접사

이번에는 접미사 '-kan'이 결합한 형태인데요. 보통 전치사의 의미를 포함하여 '~에게 ~을 해 주다'의 의미로 많이 사용됩니다.

menyenangkan (~을 즐겁게 하다)　*어근 : senang

- Aku mau menyenangkan kamu. 난 널 즐겁게 하고 싶어.

membahagiakan (~을 행복하게 하다)　*어근 : bahagia

- Kucing aku selalu membahagiakan aku. 내 고양이는 항상 날 행복하게 해.

membelikan (~을 사주다)　*어근 : beli

- Ayahku membelikan aku es krim. 아빠가 내게 아이스크림을 사 줬어.

'~을 위해 주다', '~을 위해 사 주다'로 표현할 때는 영어의 수여 동사, 즉 간접 목적어, 직접 목적어 순서를 기억하면 돼요!

(수여 동사)　　　　　(직접 목적어)

Ayahku membelikan aku es krim.

　　　　　　　　(간접 목적어)

굳이 me-kan 접사를 사용하고 싶지 않다면 membuat을 사용해 보세요. 위의 사용한 두 단어를 사용하여 만들어 보겠습니다.

(1) menyenangkan

- Aku mau membuat kamu senang. 나는 너를 행복하게 만들고 싶다.

(2) membahagiakan

- Kucing aku selalu membuat aku bahagia. 나의 고양이는 항상 나를 행복하게 해.

동사 'membuat'은 '만들다'를 의미합니다. 영어의 'make'와 같죠. 'membuat' 뒤에 어근을 놓으면 '~하게 만들다'의 의미를 만들 수 있습니다. 앞에서 배운 'me-kan' 형태를 익히며 같이 공부해 보세요.

03 Makanan pun enak sekali! 음식도 엄청 맛있어!

A : Bagaimana kafe yang ada di dekat kantor? 회사 근처의 카페 어때?

B : Bagus sekali. Apalagi makanan pun enak sekali! 엄청 좋아. 게다가 음식도 엄청 맛있어!

● 기능어 pun

쉽게 생각해서 '~또한, ~도'를 의미하는 'juga'와 같은 의미라고 보시면 됩니다. 위 'pun'의 위치에 'juga'를 넣어도 자연스럽죠? 아직 'pun'이 익숙하지 않을 수 있으니, 다음의 예문을 통해서 익혀 보겠습니다.

- Aku pun tidak tahu. 나도 잘 몰라.
- Minuman pun enak sekali. 음료도 맛있어.
- Istri dan suami pun sering berolahraga. 아내와 남편 분도 자주 운동한다.

04 Aku dengar masker murah sekali. 마스크가 엄청 싸다고 들었어.

A : Aku dengar masker murah sekali. 마스크가 엄청 싸다고 들었어.

B : Oh ya? Aku harus beli masker dengan kamu! 오 그래? 나도 너랑 마스크 사야겠다!

● aku dengar~ ~라고 듣다

눈치채신 분들도 있겠지만 위 문장은 두 문장으로 이루어져 있습니다. 바로 '내가 듣다'와 '마스크가 저렴하다'인데요. 중간에는 두 문장을 이어주는 'bahwa'가 빠져 있습니다. 다만 '~라고 들었어'라는 표현은 구어체에서 자주 쓰는 표현이기 때문에 굳이 'bahwa'는 잘 사용하지 않습니다.

- Aku dengar dia sudah menikah. 그/그녀가 이미 결혼했다고 들었어.

- Aku dengar mereka sudah bertengkar. 그들이 이미 싸웠다고 들었어.

Aku dengar 외에도, 다른 사람의 말을 전할 때는 'katanya'를 많이 씁니다.

- Katanya dia sudah menikah. 그/그녀가 이미 결혼했대.

● 표현

쇼핑할 때 자주 쓰는 표현을 알아봅시다. 관광지에서 판매하는 물품들은 모두 50% 이상 깎고 흥정을 시작해야 합니다. 아래 표현을 이용해서 저렴하게 구매해 보세요.

예문	뜻
Harganya berapa?	얼마예요?
*Kalau dua puluh (ribu), boleh?	그럼 이만 루피아, 어때요?
Ini terlalu mahal.	이건 너무 비싸요.
Dua puluh lima (ribu) saja.	그냥 이만 오천 루피아로 합시다.
Kalau tidak bisa kurang, tidak jadi beli.	할인 안 되면, 그냥 안 살래요.
Ya, sudah. Terima kasih.	네, 됐어요. 고맙습니다.
*Apa yang paling banyak terjual?	가장 많이 팔리는 게 뭐예요?
(Apakah) ada yang lebih murah?	더 저렴한 것 있나요?
(Apakah) ada warna lain?	다른 색 있나요?
Saya pikir dulu.	생각 좀 해 볼게요.
Saya hanya lihat-lihat.	저 그냥 구경하려고요.
Kalau beli dua, gratis satu boleh kan?	두 개 사면, 하나 공짜죠?

*Kalau dua puluh (ribu), boleh?
보통 결제를 할 때, 천 단위(ribu)는 생략해서 말하는 경우가 많습니다. 그래서 dua puluh라고만 해도 '20,000루피아'로 사용됩니다.

*Apa yang paling banyak terjual?
'팔다'라는 의미의 어근 'jual'에 접사 'ter'가 결합하여 '팔리다'로 쓰였습니다. '많이 팔리는'이기 때문에 '많은'이라는 의미의 banyak과 결합했는데요. 다음과 같이 간단하게 쓰이기도 하니 참고하세요.

- Apa yang paling laris? *laris : 많이 팔리는
- Apa yang paling populer? *populer : 인기 있는

01 Teman Korea menemani aku untuk jalan-jalan!

한국 친구가 여행에 동행해 주기로 했어!

Aku	mencintai kamu
Kita sedang	memasuki gua
Beliau sudah	mengobati banyak penyakit
Kita	menghormati orang tua

☐ mencintai ~을 사랑한다 ☐ memasuki ~에 들어가다 ☐ gua 동굴
☐ mengobati ~을 치료하다 ☐ penyakit 증상 ☐ menghormati ~을 존경하다

02 Tolong membelikan aku masker. 마스크 좀 사다 줘.

Kakak aku memberikan	aku hadiah
Dia membukakan	saya pintu
Hobi saya mendengarkan	musik
Bapak saya	menunjukkan aku foto

☐ memberikan ~을 주다 ☐ membukakan ~을 열어 주다
☐ mendengarkan ~을 자세히 듣다, 경청하다 ☐ menunjukkan ~을 보여 주다

많이 쓰이는 me-kan, 그리고 me-i 동사를 아래의 예문과 함께 익혀 봅시다.

me- 동사	뜻	예문
membelikan	~을 사 주다	Ayah saya membelikan saya laptop.
mencucikan	~을 씻겨 주다	Istri saya mencucikan saya piring.
mencarikan	~을 찾아 주다	Mereka mencarikan saya dompet.
membukakan	~을 열어 주다	Seorang satpam membukakan dia pintu.
merindukan	~을 그리워하다	Aku merindukan masa lalu.
mengerjakan	~을 작업하다/수행하다	Aku sedang mengerjakan tugas kantor.
memanaskan	~을 데우다	Ibu saya sedang memanaskan bubur ayam.
menghormati	~을 존경하다	Aku menghormati ayah saya.
menggemari	~을 좋아하다	Banyak teman saya menggemari artis Korea.
memahami	~을 이해하다	Aku cukup memahami situasi ini.
mencintai	~을 사랑하다	Aku mencintai keluarga.
mendekati	~을 가까이하다	Dia mendekati saya.
menjauhi	~을 멀리하다	Pacar saya semakin menjauhi saya.
menikmati	~을 즐기다	Saya sedang menikmati keindahan pulau Bali.
menemani	~와 동행하다	Siapa yang menemani aku?

□ piring 접시   □ dompet 지갑   □ satpam 경비   □ masa lalu 과거
□ tugas kantor 회사 업무   □ bubur ayam 닭죽   □ situasi 상황   □ keindahan 아름다움

Ryan : Halo Annisa! Selamat wisuda!

Annisa : Wah, terima kasih banyak. Waktu cepat sekali berlalu!

Ryan : Ya, aku tidak menyangka kamu bisa wisuda.

Annisa : Aku sendiri juga tidak menyangka aku sudah wisuda.

Ryan : Ini adalah kado wisuda untuk kamu. Silakan.

Annisa : Wah, ini apa? Aku sangat terharu!

Kamu menyiapkan kado ini untuk merayakan wisuda?

Ryan : Ya, coba pakai anting ini. Semoga kamu suka.

Annisa : Cantik sekali! Terima kasih banyak, Ryan.

Aku pasti akan selalu pakai anting ini!

Ryan : Aku senang karena kamu suka kado ini.

Oh, aku pulang dulu ya.

Karena adik aku menemani aku untuk datang ke sini.

Adik aku juga ada acara. Jadi aku harus pulang sekarang.

Annisa : Oh, silakan. Kapan-kapan kita makan bareng ya.

Ryan : Baik!

Ryan : 안녕, Annisa! 졸업 축하해!
Annisa : 와, 정말 고마워. 시간 정말 빨리 간다!
Ryan : 응, 네가 졸업할 거라고 생각도 못했어.
Annisa : 나 자신 또한 내가 졸업할 수 있을 거라고 생각도 못 했어.
Ryan : 이거 네 졸업 선물이야. 받아.
Annisa : 와, 이게 뭐야? 너무 감동했어! 졸업을 축하해 주기 위해 이 선물 준비한 거야?
Ryan : 응, 귀걸이 한번 착용해 봐. 네가 좋아했으면 좋겠다.
Annisa : 진짜 예쁘다! 너무 고마워, Ryan. 나 정말 이 귀걸이 자주 착용하고 다닐 거야!
Ryan : 네가 이 선물 좋아한다고 하니 나도 기분이 좋다. 아, 나 먼저 가 볼게. 동생이랑 여기에 같이 왔어.
　　　　근데 동생도 약속이 있대. 그래서 지금 먼저 가 봐야 할 것 같아.
Annisa : 오, 그래. 우리 언제든 같이 밥 먹자.
Ryan : 좋아!

독학
Plus

· waktu cepat sekali berlalu 시간이 너무 빨리 간다
· bareng ~와 함께, ~와 같이 (=bersama)
· tidak menyangka 생각하지 못했다

대화를 듣고 빈칸을 완성하세요. 🎧 Track 60

(1) Ryan : Apakah Anda datang sendiri?

Rini : Tidak. _____.

(2) Ryan : _____.

Rini : Tidak mau. Komputer ini tidak rusak.

(3) Ryan : Apakah kamu suka tempat ini?

Rini : Tentu saja, _____!

(4) Ryan : _____.

Rini : Ya, karena makanannya enak sekali.

다음 문장을 발음에 주의하여 잘 읽어 보세요. 🎧 Track 61

(1) Aku mencintai anjing aku.

(2) Jangan lupa menemani adik kamu untuk pergi ke rumah sakit.

(3) Istri aku pun suka makanan Indonesia.

(4) Aku dengar dia sudah putus sama pacar.

우리말 의미를 참고하여 빈칸에 알맞은 단어를 써 보세요.

(1) Waktu cepat sekali _____! 시간이 빠르게 간다!

(2) Aku _____ _____ kamu sudah menikah.
너가 결혼했을 거라고 생각도 못했어.

(3) Bagaimana kita makan malam _____? 우리 같이 저녁 먹는 거 어때?

우리말 문장을 앞에서 배운 어휘와 문형을 이용하여 인도네시아로 말해 보세요.

(1) 너는 나를 항상 행복하게 해. _____

(2) 네가 만화책 보는 걸 좋아할 거라고 상상도 못했어. _____

(3) 시간이 정말 빨리 간다. _____

(4) 나도 몰랐어. _____

Ryan
Halo Annisa! Selamat wisuda!

Annisa
Wah, terima kasih banyak. Waktu cepat sekali _____!

Ryan
Ya, aku tidak _____ kamu sudah wisuda.

Annisa
Aku sendiri juga tidak menyangka aku sudah wisuda.

Ryan
Ini adalah kado wisuda untuk kamu. Silakan.

Annisa
Wah, ini apa? Aku sangat _____! Kamu menyiapkan kado ini untuk merayakan wisuda?

Ryan
Ya, coba pakai anting ini. Semoga kamu suka.

Annisa
Cantik sekali! Terima kasih banyak, Ryan. Aku pasti akan selalu pakai anting ini!

Ryan
Aku senang karena kamu suka kado ini. Oh, aku pulang dulu ya. Adik aku _____ aku untuk datang ke sini. Katanya adik aku juga ada acara. Jadi aku harus pulang sekarang.

Annisa
Oh, silakan. Kapan-kapan kita makan _____ ya.

Ryan
Baik!

커피 (Kopi)

우리나라 카페에 가면 수많은 커피 중에 '인도네시아 커피'를 본 경험이 있으실 겁니다. 그도 그럴 것이, 인도네시아는 아시아에서 제일 많은 커피를 생산하는 국가입니다. 또한 사향 고양이에게 커피 생두를 먹인 후, 배설한 것을 가공하여 만든 '루왁 커피'가 매우 유명하며, 자바섬, 수마트라섬, 그리고 술라웨시 등 많은 섬에서 커피를 생산하고 있습니다.

원래 인도네시아는 커피 산업이 그렇게 발달한 것은 아니었습니다. 네덜란드의 인도네시아 식민 지배 중에 인도네시아 플랜테이션에서 커피를 대규모로 재배하게 됐고, 그러한 과정이 있었기에 지금의 아시아 최대의 커피 수출국이 될 수 있었습니다.

평소에 담배와 커피를 정말 많이 즐기는 인도네시아 사람들인데요. 여유가 있는 시간에는 언제든 둘러 앉아 담배를 피우며 커피를 마십니다. 그래서인지 인스턴트 커피도 심심치 않게 볼 수 있으며, 동네 골목길에는 인스턴트 커피 봉투를 줄줄이 걸어놓고 커피를 파는 상인도 볼 수 있습니다.

기념품으로 뭘 살까 고민이 된다면, 커피가 가장 좋은 선물이 될 것 같습니다. 대형 마트에 가면 어렵지 않게 커피를 구할 수 있습니다. 풍부한 바디감을 느낄 수 있는 수마트라 만델링, 신맛과 중간 정도의 바디감을 가진 모카 자바, 그리고 담배 냄새 같은 특이한 향이 나는 술라웨시의 토라자 커피가 유명합니다. 가격이 부담 된다면 인스턴트 커피도 좋은 선택이 될 수 있으나, 단맛이 강하다는 것을 염두에 두세요.

UNIT 15
Sudah aku balas

답장했어

이번 단원에서 배울 것이 뭐죠?

• 수동태 형태

알아 두면 좋은 표현!

Mantap! 짱이야!

'좋음'을 표현하는 형용사는 주로 baik 또는 bagus를 사용하는데요. mantap은 '짱이야!'라고 말할 때 사용됩니다.

* 대상을 불문하고 '멋지다'라고 하고 싶을 때는 'keren[끄렌]'을 사용합니다.

회화

Sudah aku balas!
답장했어!

Ryan : Sepertinya pacarku marah.

Annisa : Kenapa pacarmu marah?

Ryan : Aku tidak tahu. Tetapi saat ini aku sangat sibuk.

Apakah itu yang membuat pacarku marah?

Annisa : Tidak mungkin! Apakah kamu lupa membalas pesan dia?

Ryan : Sudah aku balas! Oh⋯. Ternyata kamu yang benar.

Kemarin aku lupa membalas pesan dia.

Annisa : Pantesan! Kamu sering lupa membalas pesan teman-teman juga.

Ryan : Aduh, bagaimana ini?

Annisa : Kamu harus minta maaf kepada pacarmu sebelum terlambat!

Ryan : Baik. Ada lagi?

Annisa : Makanan apa yang disukai pacarmu?

Ryan : Pasti ayam goreng!

Annisa : Ayo cepat beli ayam goreng dan makan bareng sama pacarmu!

Ryan : Baik. Terima kasih atas sarannya!

Ryan : 내 여자 친구가 화난 것 같아.

Annisa : 왜 여자 친구가 화난 것 같은데?

Ryan : 나도 잘 모르겠어. 하지만 요즘 내가 좀 바빴어. 그게 여자 친구를 화나게 만든 걸까?

Annisa : 그럴 리가! 너가 그녀의 메시지에 답장하는 걸 까먹은 거 아냐?

Ryan : 이미 답장했지! 아⋯. 알고 보니 네 말이 맞았어. 나 답장하는 거 잊고 있었네.

Annisa : 그럴 줄 알았어! 너 친구들 메시지 답장하는 것도 종종 잊곤 하잖아.

Ryan : 아이고, 이걸 어떡하지?

Annisa : 더 늦기 전에 여자 친구에게 미안하다고 해야지!

Ryan : 좋아. 더 있나?

Annisa : 여자 친구가 좋아하는 음식이 뭐야?

Ryan : 분명 치킨이지!

Annisa : 빨리 치킨 사서 여자 친구랑 같이 먹어!

Ryan : 그래, 충고 고마워!

☐ **membalas pesan** 메시지 회신하다 ☐ **terlambat** 늦다 ☐ **makan bareng** 함께 먹다
☐ **saran** 충고, 조언

01 Sudah aku balas! 이미 답장했어!

A : Apakah kamu sudah membalas e-mail aku? 내 메일에 답장했니?

B : Tentu saja. Sudah aku balas! 당연하지. 이미 답장했어.

● **주어가 1인칭, 2인칭일 때의 수동태 형태**

위 대화에서 B의 대답에 대해 능동형 문장을 쓰면 'Aku sudah membalas e-mail kamu!'가 됩니다. 하지만 수동태 문장을 통해서 간단하게 대답할 수 있는데요. 바로 목적어를 앞에 두는 겁니다.

<u>(E-mail kamu)</u> <u>sudah</u> <u>aku</u> <u>balas</u>.
   목적어   조동사 주어 동사(어근)

위와 같이 〈목적어 + 조동사 + 주어 + 동사(어근)〉 형태가 되는데요. 여기서 목적어를 소괄호 표시해 둔 이유는 한국어로 대답할 때처럼 '이메일을 답장했어'라고 하지 않고 '답장했어'라고 간단하게 말할 수 있기 때문입니다. 즉 목적어를 굳이 언급하지 않아도 되기 때문에 〈조동사 + 주어 + 동사(어근)〉으로 간단하게 사용합니다. 그럼 다음 문장을 수동태로 바꿔 보겠습니다.

- Apakah kamu sudah makan nasi goreng? 네가 나시고렝 먹었니?

  - 능동형 : Aku sudah makan nasi goreng. 내가 나시고렝을 먹었어.

  - 수동형 : (Nasi goreng) sudah aku makan. (나시고렝을) 내가 먹었어.

- Apakah kamu akan membeli buku ini? 너 이 책 살거니?

  - 능동형 : Aku tidak akan membeli buku ini. 나는 이 책을 안 살 거야.

  - 수동형 : (Buku ini) tidak akan aku beli. (책을) 안 살 거야.

  * 부정어는 위와 같이 조동사 앞에 써 줍니다.

능동형 문장만 공부하다가 주어가 1인칭, 2인칭일 때의 수동태 문장을 공부하면 많이 어색합니다. 위와 같이 간략하게 생략된 수동형 문장을 많이 연습해서 간결하게 얘기해 보세요.

독학 Plus

인도네시아어 텍스트를 보다 보면 수동형 문장을 많이 볼 수 있는데요. 이때 '~집니다'와 같이 번역할 필요 없이, 주어와 목적어를 바꾸는 연습을 통해 능동형 문장으로 바꿔서 해석하면 더욱 자연스럽습니다.

02 Makanan apa yang disukai pacarmu? 여자 친구가 좋아하는 음식이 뭐야?

A : Makanan apa yang disukai pacarmu? 여자 친구가 좋아하는 음식이 뭐야?

B : Makanan yang disukai pacarku adalah Nasi goreng.
내 여자 친구가 좋아하는 음식은 나시고렝이야.

● **주어가 3인칭일 때의 수동태 형태**

위와 같이 주어가 3인칭일 때의 수동태 형태는 동사에 접두사 'di-'를 붙이면 됩니다. 앞에서 배운 〈주어가 1인칭, 2인칭일 때의 수동태 형태〉처럼 순서가 바뀌지는 않습니다. 다음의 예문을 통해서 익혀 보도록 하겠습니다.

- Dia sedang melihat gunung itu. 그/그녀는 산을 봅니다.

- Gunung itu sedang dilihat (oleh) dia. 산은 그녀에 의해서 보여집니다.

위와 같이 문장을 바꿔 봤는데요. 군이 공식을 쓰자면 아래와 같습니다.

(1) 주어와 목적어, 목적어와 주어 자리를 바꾼다.

(2) 조동사와 동사 위치는 그대로 둔다.

(3) 동사에 접두사 'di'를 결합시킨다.

그럼 접미사가 있을 경우에는 어떻게 할까요? 접미사가 있을 때는 다음과 같이 살려 줍니다! 같은 어근이라도 접미사의 유무에 따라 의미가 달라질 수 있기 때문입니다. 어근 'bangun'을 통해 익혀 볼게요.

- 접미사 X : Ayahku membangun rumah ini. 아버지가 이 집을 지으셨다.
  → Rumah ini dibangun (oleh) ayahku.

- 접미사 O : Ayahku membangunkan aku. 아버지께서 나를 깨운다.
  → Aku dibangunkan (oleh) ayahku.

정리하자면, 수동태로 바꿀 때 주어가 3인칭일 때만 접사 'di-'를 붙일 수 있습니다. 능동태를 수동태로, 그리고 수동태를 능동태로 바꾸다 보면 쉽게 익힐 수 있으니 많이 연습해 보세요.

독학 Plus

수동태를 유도하는 질문 중 'Apa yang~' 형태가 많습니다. 다음 예문을 통해서 살펴보겠습니다.

- Lagu apa yang kamu suka?
  → Lagu yang aku suka adalah Alamat Palsu.
- Makanan apa yang disukai ibu kamu?
  → Makanan yang disukai ibu aku adalah gado-gado.

위와 같이 질문에 있는 주어가 무엇인지 파악 후, 관계대명사 yang 다음에 오는 주어에 맞게 배치하면 됩니다. 예문에서는 lagu, makanan과 같은 선행사까지 적었으나, 생략하고 yang 이하만 써도 됩니다. 관계대명사 yang 자체가 '~한 것', '~한 사람'의 의미를 갖고 있다는 것 잊지 않으셨죠?

03 *Pantesan!* 그럴 줄 알았어!

A : Katanya dia sakit parah hari ini. 그/그녀가 오늘 심하게 아프대.
B : Pantesan dia absen hari ini. 어쩐지 그/그녀가 오늘 결석했더라고.

원래 '적당한', '합당한'의 의미를 가진 형용사 'pantas'에서 유래한 단어입니다. 구어체에서 '그래서 그랬구나!' 혹은 '어쩐지!'의 의미로 사용됩니다.

04 *Terima kasih atas sarannya!* 조언해 줘서 고마워!

A : Sebaiknya kamu istirahat dulu. 너는 좀 쉬는 게 좋을 것 같아.
B : Terima kasih atas sarannya! 조언해 줘서 고마워!

'고맙다'는 표현을 할 때에는 주로 'terima kasih'를 쓰고, 더욱 간결하게는 'makasih ya'를 사용합니다. 하지만 구체적으로 '고마움'을 언급할 때가 있습니다. 그럴 때는 전치사 atas 뒤에 명사형으로 써 줍니다. 다음의 예문을 통해서 보도록 할게요.

- Terima kasih atas kebaikan Anda. 당신의 친절에 감사드립니다.
- Terima kasih atas oleh-olehnya. 기념품 주셔서 감사해요.
- Terima kasih atas perhatiannya. 관심에 감사드립니다.
- Terima kasih atas segalanya. 모든 것에 감사드립니다.
- Terima kasih atas doanya. 기도해 주셔서 감사합니다.

독학 Plus

앞서 접미사 '-nya'에 대해서 배웠는데요. 위의 문장의 마지막에 nya를 사용한 것은 영어의 정관사(the) 역할을 하고 있습니다.

□ perhatian 관심, 흥미, 주의　　□ segalanya 모두, 전부

01 E-mailnya **sudah aku** balas! 제가 이미 이메일 답장했어요!

Makanannya	pesan
Yang lama	jual
Buku itu	baca
Adik aku	bangunkan

Tip 주어가 1, 2인칭인 문장이 수동태로 변화할 때, 어근의 앞에서 결합하는 접두사는 사라지는데요. 어근의 뒤에 결합하는 접미사는 삭제하지 않습니다. 아래와 같이 접미사의 유무에 따라 문장 내에서 의미가 달라질 수 있기 때문입니다. 수동태로 변화해도 본래의 의미를 잘 전달하기 위해 이 부분을 유의하시기 바랍니다.

- bangun : 일어나다
- membangun : 건설하다
- membangunkan : 깨우다

☐ Makanannya sudah aku pesan 그 음식은 내가 이미 주문했다
☐ Yang lama sudah aku jual 오래된 것은 내가 팔았다
☐ Buku itu sudah aku baca 그 책은 내가 읽었다
☐ Adik aku sudah aku bangunkan 내 동생은 이미 내가 깨웠다

02 Makanan apa **yang** disukai pacarmu? 네 애인이 좋아하는 음식이 뭐야?

Artis siapa	digemari (oleh) orang Indonesia
Aplikasi apa	sering dipakai (oleh) teman kamu
Apa	dicuri (oleh) dia
Makanan apa	dibeli oleh mereka

☐ Artis siapa yang digemari (oleh) orang Indonesia?
  인도네시아 사람이 좋아하는 연예인은 누군가요?
☐ Aplikasi apa yang sering dipakai (oleh) teman kamu?
  네 친구가 자주 사용하는 어플리케이션은 뭐야?
☐ Apa yang dicuri (oleh) dia? 그/그녀가 훔친 것은 무엇인가요?
☐ Makanan apa yang dibeli oleh mereka? 그들이 구매한 음식은 무엇인가요?

앞에서 수동태를 알아봤는데요. 아래 예문을 통해서 자주 쓰이는 수동태 표현을 알아보겠습니다. 어순에 유의하면서 표현을 익혀 보세요.

예문	뜻
Bisa dimakan? (Bisa saya makan?)	먹을 수 있나요?
Bisa dibantu? (Bisa saya bantu?)	도와드릴까요?
Bisa diminum? (Bisa saya minum?)	마실 수 있나요?
Bisa dibeli? (Bisa saya beli?)	구매할 수 있나요?
Bisa direbus?	끓여 주실 수 있나요?
Bisa dibakar?	구워 주실 수 있나요?
Bisa Anda periksa saya?	검진해 주실 수 있나요? (병원에서)
Bisa dinyalakan?	켜 주실 수 있나요?
Bisa dimatikan?	꺼 주실 수 있나요?
Bisa dikecilkan?	작게 해 주실 수 있나요? / 줄여 주실 수 있나요?
Bisa dikeraskan?	크게 해 주실 수 있나요?
Dompet saya dicuri.	지갑을 도난당했어요.
Dilarang merokok di sini.	여기에서는 흡연이 금지되어 있습니다.
Saya ditemani oleh teman saya.	친구가 저와 동행합니다.
Aku akan dijemput oleh mereka.	그들이 날 픽업할 거예요.
Mereka dibunuh oleh teroris.	그들은 테러리스트에 의해 살해당했다.
Akan saya kerjakan.	제가 작업할 예정입니다.
Sudah aku beli.	이미 제가 샀어요.
Sudah aku bilang.	이미 제가 얘기했어요.
Sudah aku balas.	이미 답장했어요.

술술 나오는 **회화**

Ryan : Halo Anto, kamu sudah bikin laporan?

Anto : Oh, Laporan ini sedang saya kerjakan.

Ryan : Kira-kira makan waktu berapa lama?

Anto : Akan saya kirim 30 menit lagi.

Ryan : Oke, saya tunggu laporannya ya.

Oh, kamu akan pakai cuti dari kapan?

Anto : Saya akan pakai cuti dari hari Rabu sampai hari Jumat.

Ryan : Oh begitu, jangan lupa kasih tahu kepada boss ya.

Anto : Siap, ada lagi yang harus saya cek sebelum pakai cuti?

Ryan : Sepertinya sudah cukup. Oh, kamu pergi ke Bali kan?

Apakah kamu sudah beli tiket pesawat?

Anto : Sudah saya beli.

Karena saat ini banyak yang ingin pergi ke pulau Bali.

Ryan : Bagus sekali. Semoga menyenangkan!

Anto : Terima kasih.

Ryan : 안녕, Anto. 혹시 보고서 다 만들었니?
Anto : 오, 지금 보고서 작업하는 중입니다.
Ryan : 대략 얼마 정도 걸릴 것 같아?
Anto : 30분 뒤에 보낼게요.
Ryan : 그래, 보고서 기다리고 있을게. 아, 너 언제부터 휴가 쓰지?
Anto : 수요일부터 금요일까지 휴가 사용 예정입니다.
Ryan : 아 그렇구나, 사장님께 말씀드리는 거 잊지 마.
Anto : 알겠습니다. 휴가 전에 제가 체크해야 할 것들이 더 있을까요?
Ryan : 이미 충분한 것 같아. 아, 너 발리 간다고 했지? 비행기 표는 샀어?
Anto : 이미 샀죠. 요즘 발리에 가고 싶어 하는 사람이 많거든요.
Ryan : 좋아. 즐겁게 보내고 오길 바라!
Anto : 감사합니다.

□ **bikin** 만들다   □ **laporan** 보고서

대화를 듣고 빈칸을 완성하세요. 🎧 Track 64

(1) Ryan : Kamu sudah balas e-mail?

Rini : Ya, _____ .

(2) Ryan : _____ ?

Rini : Anak aku suka film fantasi!

(3) Ryan : Aku begadang hari ini.

Rini : _____ ! Kamu terlihat capek!

(4) Ryan : : _____ !

Rini : Sama-sama!

다음 문장을 발음에 주의하여 잘 읽어 보세요. 🎧 Track 65

(1) Makanan yang sering saya makan adalah Mie goreng.

(2) Penyanyi yang saya suka adalah Jessie J.

(3) Kafe yang disukai mereka adalah ABC Coffee.

(4) Terima kasih atas sarannya.

제시된 능동태 문장을 수동태로 바꿔 보세요.

(1) Saya sudah makan nasi goreng. → _____ .

(2) Saya sudah membangunkan adik. → _____ .

(3) Bapak saya akan membangun rumah baru. → _____ .

우리말 문장을 앞에서 배운 어휘와 문형을 이용하여 인도네시아로 말해 보세요.

(1) 보고서 다 만들었니? _____

(2) 정보 감사드립니다. _____

(3) 이미 답장했어요. _____

(4) 어쩐지 _____

 Ryan
Halo Anto, kamu sudah bikin laporan?

 Anto
Oh, Laporan ini _____ saya _____.

 Ryan
Kira-kira makan waktu berapa lama?

 Anto
Akan saya kirim 30 menit lagi.

 Ryan
Oke, saya tunggu laporannya ya. Oh, kamu akan pakai _____ dari kapan?

 Anto
Saya akan pakai cuti dari hari Rabu sampai hari Jumat.

 Ryan
Oh begitu, jangan lupa kasih tahu kepada boss ya.

 Anto
Siap, ada lagi yang _____ _____ _____ sebelum pakai cuti?

 Ryan
Sepertinya sudah cukup. Oh, kamu pergi ke Bali kan? Apakah kamu sudah beli tiket pesawat?

 Anto
_____ _____ _____. Karena saat ini banyak yang ingin pergi ke pulau Bali.

 Ryan
Bagus sekali. _____ menyenangkan!

 Anto
Terima kasih.

가사 도우미 (Pembantu)

budaya

'인도네시아에 오면 세 번 운다'는 말이 있습니다. 첫 번째 '인도네시아 가기 싫어서 운다.' 두 번째, '인도네시아에 적응하기 힘들어서 운다.' 그리고 마지막으로 세 번째, '인도네시아를 떠나기 싫어서 운다.'라고 하네요.

인도네시아에 주재원으로 가게 되면 회사에서 자동차와 운전기사를 제공하는 경우가 많습니다. 또한 주재원으로 오는 경우, 가족까지 같이 올 때 가정부를 많이 씁니다. 그래서 인도네시아 아파트에는 가정부가 묵는 작은 방까지 있을 정도입니다. 특히 아이가 있는 가정의 경우에는 필수적으로 가정부를 쓰곤 하는데요. 몰에 가면 아이를 가정부에게 맡기고 자유롭게 다니는 부부의 모습을 심심치 않게 볼 수 있습니다.

인건비는 물론 경력에 따라 다르겠지만 비용은 한 달에 한화 20~30만 원 정도입니다. 하지만 명절, 특히 르바란 휴가 때는 더 많은 팁을 요구하기도 하며, 운전 기사의 경우 특히 팁을 자주 주게 되면 더 많은 팁을 요구하게 되는 경우도 다반사입니다.

또한 인도네시아 최대 명절인 르바란 기간에는 고향으로 돌아가기 때문에 보너스를 주기 마련인데요. 이때 돈을 가불받고 다시 나타나지 않는 경우도 더러 있습니다. 그래서 인도네시아에서 제대로 된 가정부 및 운전기사를 찾는 게 정말 어려운 일이라고 합니다.

일단 '외국인은 돈이 많다'는 인식이 있기 때문에, 팁 또는 가불을 심심치 않게 요구하는 경우가 있습니다. 근무 수당 외에 지급하는 금액에 대해서는 기준을 정해 두고 지급하는 것이 좋습니다. 그래야 이후에 혹시 생길 수 있는 분쟁을 조금이나마 막을 수 있습니다.

UNIT 16
Sepertinya aku tertidur karena mengantuk

졸려서 갑자기 잠이 든 것 같아요

이번 단원에서 배울 것이 뭐죠?

• 접사 ter

알아 두면 좋은 표현!

Aku duluan ya! 나 먼저 가 볼게!

모임에서 먼저 장소를 이동해야 할 때 쓰는 표현입니다.
'먼저'를 의미하는 dulu에 접미사 '-an'을 붙여서 주로 사용됩니다.

* 'aku cabut dulu ya'라는 표현도 자주 사용되는데요. cabut은 '빼다, 뽑아내다'의 의미이지만 헤어질
때 인사로 사용되기도 합니다.

회화

Aku tertidur karena mengantuk.
졸려서 잠들었어요.

 Track 66

Rini : Hei Ryan! Bangun! Ini sudah jam makan siang!

Ryan : Aduh, sepertinya aku tertidur karena tadi aku mengantuk.

Sudah waktunya makan siang ya?

Rini : Ya, kamu mau makan apa?

Ryan : Terserah kamu.

Sebenarnya aku sudah bosan sama restoran di dekat sini.

Rini : Masa, sudah bosan? Kamu pernah makan masakan Padang?

Ryan : Belum pernah. Apa yang istimewa?

Rini : Biasanya teman-teman Korea suka masakan Padang karena rasanya pedas.

Ryan : Oh begitu, aku juga mau coba. Yang terdekat ada di mana?

Rini : Yang terdekat ada di belakang rumah sakit.

Ryan : Sepertinya aku pernah lewat restoran itu. Ayo!

Rini : 야, Ryan! 일어나! 점심 먹을 시간이야!
Ryan : 아이고, 아까 졸려서 갑자기 잠이 든 것 같아. 벌써 점심 먹을 시간이구나?
Rini : 응, 너 뭐 먹고 싶어?
Ryan : 너 먹고 싶은 걸로. 사실 근처 식당은 다 질렸어.
Rini : 세상에, 이미 질렸다고? 너 Padang 요리 먹어 봤어?
Ryan : 아직. 뭐 특별한 거라도 있어?
Rini : 내 한국 친구들은 매운맛 때문에 Padang 음식을 좋아하더라.
Ryan : 아 그렇구나, 나도 한번 먹어 보고 싶다. 제일 가까운 곳이 어디야?
Rini : 제일 가까운 곳은 병원 뒤쪽에 있어.
Ryan : 나 그 식당 지나간 적이 있는 것 같아. 가자!

□ tertidur 갑자기 잠에 들다   □ mengantuk 졸다   □ terserah 양도되다, 마음대로 하다
□ terdekat 가장 가까운

01 **Sepertinya aku tertidur karena tadi mengantuk.** 아까 졸려서 갑자기 잠이 든 것 같아.

A : Ayo bangun! Kenapa masih tidur? 일어나! 왜 아직 자고 있어?

B : Sepertinya aku tertidur karena tadi mengantuk. 아까 졸려서 갑자기 잠이 든 것 같아.

● ter- 접사

ter- 접사 또한 종종 볼 수 있는 형태인데요. 형용사와 동사의 어근과 결합합니다. 어근과 결합할 경우에 위와 같이 갑자기, 의도치 않게 되는 경우 이 접사를 쓰게 됩니다. 그 외에도 다음과 같이 사용 가능합니다. 아래 예문을 보면서 확인해 보도록 하겠습니다.

(1) 갑자기, 의도치 않게 ~해진

- tertidur (갑자기 잠든) : Aku tertidur karena tadi mengantuk. 나 졸려서 갑자기 잠들었어.
- terbangun (갑자기 깬) : Aku terbangun karena mimpi buruk. 나쁜 꿈 때문에 갑자기 깼어.

(2) 수동태 의미

- terbuka (개방된) : Restoran ini terbuka kepada siapa saja. 이 식당은 누구에게나 열려 있습니다.
- terlihat (보여진) : Candi Borobudur terlihat dari sini. 보로부두르 사원이 여기에서 보인다.

(3) 최상급

- tertinggi (가장 높은) : Gedung itu adalah gedung yang tertinggi di Indonesia.
  저 건물이 인도네시아에서 가장 높은 건물이다.
- terpenting (가장 중요한) : Ini adalah hal yang terpenting. 이게 가장 중요한 일이다.

02 **Terserah kamu.** 너 마음대로 해.

A : Kita makan apa? 우리 뭐 먹지?

B : Terserah kamu. 너 마음대로 해.

앞서 ter- 접사의 쓰임새에 대해서 배웠는데요. terserah의 경우에는 어근 serah가 가지는 '양도'의 의미 때문에 '양도되다'의 의미가 있습니다. 하지만 보통 '너 마음대로 해'라고 표현할 때 'terserah kamu'와 같이 간단하게 표현하기도 합니다. 비슷한 표현으로 'tergantung'이 있는데요. 아래 예문과 같이 사용할 수 있습니다.

- Tergantung kamu. 네게 달려 있어.

03 **Yang terdekat ada di mana?** 가장 가까운 곳이 어디야?

A : Restoran yang terdekat ada di mana? 가장 가까운 식당이 어디야?
B : Di depan sekolah. 학교 앞.

관계대명사 yang이 문장의 맨 앞에 쓰이면 '~하는 것', '~하는 사람'으로 해석되는데요. 위 문장의 경우 장소를 물음과 동시에 terdekat이 사용되면서 '가장 가까운' 장소를 묻고 있습니다. 다음 문장을 통해 형용사에 ter가 붙어서 최상급이 되는 문장을 익혀 보겠습니다.

- terpentik (가장 예쁜) : Aku tercantik di kantor. 내가 회사에서 제일 예뻐.
- terbaik (가장 좋은) : Ryan adalah teman terbaik aku. 나의 가장 좋은 친구는 Ryan이야.
- terindah (가장 아름다운) : Menurut aku, kota terindah di dunia adalah Venesia.
  내 생각에는 베네치아가 세계에서 가장 아름다운 도시 같아.

04 **Sepertinya aku pernah lewat restoran itu.** 그 식당 지나간 적이 있는 것 같아.

A : Kamu pernah makan di restoran Perancis yang ada di depan mall?
  몰 앞에 있는 프랑스 레스토랑에서 식사한 적 있어?
B : Belum. Tetapi sepertinya aku pernah lewat restoran itu.
  아직. 그런데 그 식당 지나간 적은 있는 것 같아.

● **lewat ~을 통하여, ~을 경유하여**

lewat은 장소를 설명할 때, 그리고 수단을 설명할 때 사용할 수 있습니다. 문어체로는 melalui를 주로 사용하지만, 구어체에서는 lewat이 주로 사용되는데요. 많이 쓰이는 표현을 다음 예문을 통해서 익혀 보도록 하겠습니다.

- Lewat mana? 어디 지나서 가야 돼?
- Tolong ke bandara Soekarno-Hatta lewat tol. 톨게이트를 지나서 수까르노 하타 공항으로 가 주세요.
- Aku sudah reservasi hotel lewat telepon. 유선상으로 이미 호텔 예약했어요.

'예약하다'라는 표현은 pesan, reservasi 그리고 booking을 많이 사용합니다. 유선상으로 예약이 가능하냐고 물어볼 때는 다음과 같이 표현합니다.

- Bisa booking lewat telepon? 유선상으로 예약 가능한가요?
- Saya mau reservasi untuk 4 orang. 네 명 예약하고 싶습니다.

표현

식당 또는 카페에서 자주 사용하는 표현을 익혀 봅시다.

예문	뜻
Saya sudah reservasi lewat telepon.	전화로 이미 예약했어요.
Minta satu meja untuk 4 orang.	네 명이 앉을 한 테이블 부탁드려요.
Saya mau pesan nasi goreng dengan es teh manis.	나시고렝 하나와 에스 떼 마니스 주문할게요.
Saya mau nasi goreng yang sedikit pedas.	약간 매운 나시고렝으로 주문할게요.
*Saya mau air putih (dengan/tanpa) es.	저는 (얼음물/생수) 주세요. *얼음물을 air dingin이라고도 씁니다.
Minta tambah lagi untuk 4 orang.	4인분 더 주세요.
Sedikit lagi.	조금만 더 주세요.
Tidak, sudah cukup.	아니오, 이미 충분해요.
Makanannya enak sekali!	음식이 정말 맛있네요!
(Apakah) ada tisu basah?	물티슈 있나요?
(Apakah) ada makanan penutup?	디저트가 있나요?
*Boleh saya minta billnya/bonnya?	영수증 부탁드립니다.
Bayarnya/Kasirnya di mana?	어디서 계산하나요?

*Saya mau air putih (dengan/tanpa) es.

전치사 dengan을 사용하면 '~와 함께'라는 의미이기 때문에, '얼음을 넣은 물을 주세요'가 되고요. 반대로 'tanpa'는 '~없이'라는 의미 때문에 '얼음 뺀 물을 주세요'가 됩니다. 'dengan' 대신에 '사용하다'의 의미의 동사인 'pakai'를 사용하기도 하는데요. 카페에서 설탕을 넣을 때 아래와 같이 사용할 수 있으니 참고하세요.

- Pakai gula. 설탕 넣어 주세요.
- Tanpa gula. 설탕 빼고 주세요.

*Boleh saya minta billnya/bonnya?

허가를 구하거나 정중하게 부탁할 때 'boleh'를 사용해서 질문하는데요. 인도네시아에서는 식사 후 앉은 자리에서 직원을 호출하여 영수증을 받고, 현금 또는 카드를 직원에게 다시 주는 방식으로 결제합니다. 그래서 식사 후에 이 표현을 많이 사용하며 '영수증'은 bill, 혹은 bon으로 많이 사용하니 둘 중 편한 단어로 사용하면 됩니다.

01

Aku tertidur **karena** tadi mengantuk. 아까 졸려서 잠들었어.

terjatuh	ada batu
terbangun	lapar
terlambat	bangun kesiangan
tersenyum	aku bahagia

☐ **terjatuh** 넘어지다　☐ **batu** 돌　☐ **terbangun** 갑자기 깨다　☐ **terlambat** 늦다
☐ **tersenyum** 미소를 짓다

02

Yang terdekat ada di mana? 가장 가까운 곳이 어디야?

Siapa yang tertinggi	di sini
Makanan yang terenak	dijual di mana
Cara apa yang terbaik	untuk menjaga kesehatan
Produk apa yang termahal	di sini

☐ **tertinggi** 가장 키가 큰, 가장 높은　☐ **terenak** 가장 맛있는　☐ **terbaik** 가장 좋은
☐ **menjaga** 지키다　☐ **kesehatan** 건강　☐ **produk** 제품　☐ **termahal** 가장 비싼

앞에서 ter- 접사를 알아봤습니다. 자주 쓰이는 표현을 예문을 통해서 익혀 봅시다.

ter- 동사	뜻	예문
terbangun	갑자기 일어나다	Aku terbangun ketika mendengar suara ayam.
tertidur	갑자기 잠에 들다	Suami saya tertidur ketika menonton film di bioskop.
tertinggal	남겨지다	Dompet saya tertinggal di kantor.
terluka	상처 입다, 다치다	Mereka terluka karena banjir.
terancam	위험에 처하다	Hidup orangutan terancam karena perburuan.
terbuka	개방되다, 열리다	Restoran ini terbuka untuk umum.
tertutup	폐쇄되다, 닫히다	Aplikasi tiba-tiba tertutup.
tersedia	준비되다	Sarapan sudah tersedia di atas meja.
terkenal	알려지다	Kopi Indonesia sangat terkenal di luar negeri.
terasa	느껴지다	Kepala terasa sakit ketika bangun tidur.
terlihat	보이다	Dia terlihat lebih cantik daripada sebelumnya.
terdengar	들리다	Suaranya tidak terdengar dengan jelas.
terjatuh	넘어지다	Dia terjatuh dari motor.
terharu	감동받다	Aku sangat terharu karena mereka datang untuk aku.
terpesona	매료되다	Pantai ini akan bikin kamu terpesona.

☐ banjir 홍수   ☐ perburuan 사냥   ☐ umum 대중, 공공의   ☐ aplikasi 어플리케이션
☐ bangun tidur 일어나다   ☐ jelas 명백한, 자세한   ☐ motor 오토바이   ☐ pantai 해변

술술 나오는 **회화**

Ryan : Hei, Rini! Sepertinya aku terlambat.

Rini : Kenapa kamu terlambat?

Ryan : Aku masih di jalan karena macet.

Rini : Ya, tidak apa-apa. Saat ini sering macet karena lagi musim hujan.

Tapi boleh aku menitip sesuatu?

Ryan : Kenapa tidak boleh? Mau menitip apa?

Rini : Bisa belikan aku buku novel di toko buku?

Ryan : Oke, tolong kasih tahu judul buku dan penulis lewat SMS ya.

Rini : Terima kasih banyak!

Ryan : Ada lagi? Sepertinya aku bisa sampai di kafe 1 jam lagi setelah mampir ke toko buku.

Rini : Oh, sudah cukup. Hati-hati ya!

Ryan : Rini! 나 늦을 것 같아.
Rini : 왜 늦어?
Ryan : 길이 막혀서 아직도 가는 중이야.
Rini : 그래, 괜찮아. 요즘 우기라서 자주 막히더라고. 근데 나 뭐 좀 부탁해도 될까?
Ryan : 왜 안 되겠어? 뭐 부탁하고 싶은데?
Rini : 서점에서 소설책 하나만 사다 줄 수 있어?
Ryan : 그래, 문자로 책 제목이랑 작가명 알려 줘.
Rini : 정말 고마워!
Ryan : 더 부탁할 거 있어? 서점 들렀다 가면 카페에 1시간 뒤에 도착할 것 같아.
Rini : 아니, 충분해. 조심히 와!

 독학 Plus

- masih di jalan : 그대로 해석하면 '아직 길이야'지만, 일상에서는 '가고 있어'의 의미로 사용됩니다.
- penulis : 어근 tulis에 'pe-'가 결합한 형태입니다. 접두사 pe가 결합하면 '~하는 사람'의 의미가 됩니다. tulis가 '쓰다'를 의미하는 어근이기 때문에 '쓰는 사람', 즉 '작가'가 됩니다. 다음 단어를 참고해 보세요.
  pekerja : 노동자 (어근 kerja)
  pemalu : 부끄럼쟁이 (어근 malu)
  pembohong : 거짓말쟁이 (어근 bohong)
- mampir ke : lewat은 '~을 지나쳐 간다'는 의미로 쓰였다면, mampir는 '들르다'입니다. 뒤에 장소 전치사 'ke'가 사용되기 때문에 같이 묶어서 익혀 두는 것이 좋습니다.

연습문제

대화를 듣고 빈칸을 완성하세요. 🎧 Track 68

(1) Ryan : _____ .

    Rini : Bagaimana kalau kita minum kopi?

(2) Ryan : Hari ini kita pergi ke mana?

    Rini : _____ !

(3) Ryan : _____ ?

    Rini : Di dekat mall.

(4) Ryan : Nanti kita bertemu di kafe ya.

    Rini : Oke, _____ ?

다음 문장을 발음에 주의하여 잘 읽어 보세요. 🎧 Track 69

(1) Tadi aku terbangun karena mimpi buruk.

(2) Terserah kamu.

(3) Dia adalah teman terbaik aku.

(4) Tolong ke rumah sakit lewat jalan itu.

우리말 의미를 참고하여 빈칸에 알맞은 단어를 써 보세요.

(1) Apakah kamu _____ _____ _____? 너 아직 오는 중이야?

(2) Dia adalah seorang _____. 그/그녀는 부끄럼쟁이야.

(3) Nanti bagaimana kita _____ _____ kafe sebentar?
    이따가 우리 잠시 카페 들렀다 가는 거 어때?

우리말 문장을 앞에서 배운 어휘와 문형을 이용하여 인도네시아로 말해 보세요.

(1) 이 식당은 누구에게나 열려 있습니다.   _____

(2) 내 동생이 여기에서 제일 잘생겼어요.   _____

(3) 톨게이트 지나서 공항으로 가주세요.   _____

(4) 그 몰 지나친 적이 있는 것 같아.   _____

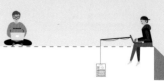

Ryan

Hei, Rini! Sepertinya aku terlambat.

Rini

Kenapa kamu terlambat?

Ryan

Aku _____ _____ _____ karena macet.

Rini

Ya, tidak apa-apa. Tapi boleh aku _____ sesuatu?

Ryan

Kenapa tidak boleh? Mau menitip apa?

Rini

Bisa belikan aku buku novel di toko buku?

Ryan

Oke, tolong kasih tahu judul buku dan _____ lewat SMS ya.

Rini

Terima kasih banyak!

Ryan

Ada lagi? Sepertinya aku bisa sampai di kafe 1 jam lagi setelah _____ toko buku.

Rini

Oh, sudah cukup. Hati-hati ya!

조심해야 할 것들 (Yang perlu diperhatikan)

처음에 인도네시아에 가기 전에 다양한 예방접종을 통해 안심을 하고 가지만, 가서 아프게 되는 경우가 많습니다. 가서 하루 만에 설사병이 걸리는 경우가 있고, 혹은 일주일, 한 달 만에 증상이 찾아오는 경우도 있습니다. 인도네시아에서 조심해야 할 것들을 정리해 봤습니다.

• 물

인도네시아 수돗물은 석회수이기 때문에 이를 닦을 때도 생수로 닦는 것이 좋습니다. 또 길거리에서 판매하는 찬 음료를 먹고 배탈이 나는 경우가 많습니다. 물론 좋은 식당에서 사용하는 얼음은 괜찮겠지만, 길거리에서 파는 얼음은 위생 상태가 좋지 않습니다.

• 음식

더운 나라이기 때문에 튀김 종류가 많습니다. 그런데 길거리에서 파는 튀김을 보면 기름이 시커멓습니다. 가끔 호기심에 길거리 음식을 먹을 수는 있지만, 저렴하다고 너무 자주 먹지 않는 게 좋습니다.

• 모기

주로 우기에 모기가 많습니다. 일반 모기도 조심해야 하지만, 정말로 조심해야 하는 건 뎅기열을 전염시키는 모기입니다. 뎅기 바이러스가 사람에게 감염되어 생기는 병으로 고열을 동반하는 질병입니다. 뎅기열로 사망하는 사례도 있으니 무시하면 안 되는 질병이겠죠. 면역력이 낮을 때 더욱 발병이 잘 된다고 합니다. 고열이나 두통, 근육통 등의 증상이 동시에 온다면 병원으로 바로 찾아가야 합니다.

• 티푸스

인도네시아 현지인도 가끔 걸리는 질병으로, 고열과 복통, 설사 등의 증상을 보입니다. 그냥 설사병 정도로 생각해서 참다가 보면 염증이 심화되어 치료 기간도 길어지고, 자칫하면 수술이 필요한 경우도 생깁니다. 티푸스에 걸리면 속을 개워 냄과 동시에 설사도 멈추지 않습니다. 웬만하면 버티지 말고 바로 병원에 가서 치료를 받는 것이 좋습니다.

• 교통

인도네시아는 운전석이 우리나라와 반대로 우측에 있습니다. 또한 횡단보도의 경우 대도시에만 있고, 교외로만 나가도 횡단보도가 없습니다. 따라서 8차선의 경우에도 무단횡단을 해야 하는 경우가 종종 생기기 때문에, 다가오는 차를 향해 손바닥을 펴고 천천히 건너야 합니다. 설령 사고가 나더라도 그냥 뺑소니로 가는 경우도 있으며, 이럴 경우에 잡을 수도 없기 때문에 교통사고는 특히 조심해야 합니다.

부록

- 연습문제 정답
- 기본 어휘 · 필수 표현

연습문제 정답

UNIT 01

(1) Ryan : **Selamat pagi, saya Ryan.**
Rini : Selamat pagi Ryan, saya Rini.
(2) Ryan : **Senang bertemu.**
Rini : Senang bertemu juga.
(3) Ryan : **Anda orang Indonesia?**
Rini : Ya. Saya orang Indonesia.
(4) Ryan : **Anda mahasiswa?**
Rini : Bukan. Saya bekerja di bank.

(1) Dia **bukan** orang korea.
(2) Saya **tidak** makan nasi goreng.
(3) Ini **adalah** hape saya.

(1) Dia adalah orang Indonesia.
저(그/그녀)는 인도네시아 사람입니다.
(2) Saya bekerja di Indonesia.
저(그/그녀)는 인도네시아에서 일합니다.
(3) Annisa adalah mahasiswa.
Annisa는 대학생입니다.

UNIT 02

(1) Ryan : **Apakah Anda orang Korea?**
Rini : Bukan, saya orang Indonesia.
(2) Ryan : **Apa hobi Anda?**
Rini : Hobi saya adalah berolahraga.
(3) Ryan : **Hari ini hari apa?**
Rini : Hari ini hari Selasa.
(4) Ryan : **Bulan depan bulan apa?**
Rini : **Bulan depan adalah bulan Oktober.**

(1) **Apakah** kamu suka berolahraga?
(2) **Apa** nama restoran itu?
(3) **Hari Kamis** adalah hari ulang tahun aku.

(1) Apakah kamu suka makanan Korea?
(2) Apa ini?
(3) Besok adalah hari Minggu.
(4) Dua bulan lagi adalah bulan November.

UNIT 03

(1) Ryan : **Kapan hari ulang tahun kamu?**
Rini : Besok!
(2) Ryan : **Siapa nama Anda?**
Rini : Nama saya Rini.
(3) Ryan : **Harganya berapa?**
Rini : Ini 30.000 rupiah.
(4) Ryan : **Berapa lama dari Korea ke Indonesia?**
Rini : Sekitar 7 jam.

(1) Namanya **siapa?**
(2) **Berapa** lama kamu tinggal di Jakarta?
(3) **Kapan** kita bisa bertemu lagi?

(1) Siapa orang itu?
(2) Harga ini berapa? (Ini berapa?)
(3) Kapan kita bisa makan bersama?
(4) Umurnya berapa?

UNIT 04

(1) Ryan : **Mengapa kamu suka nasi goreng?**
  Rini : Karena enak sekali.
(2) Ryan : **Bagaimana lagu ini?**
  Rini : Lagu ini sangat bagus.
(3) Ryan : **Rasanya bagaimana?**
  Rini : Ini pedas sekali.
(4) Ryan : **Bagaimana jika kita pergi ke kafe?**
  Rini : Bagus!

(1) **Mengapa** kamu suka Indonesia?
(2) **Bagaimana** cara membuat visa?
(3) Bagaimana **jika** kita bertemu di mall?

(1) Kenapa datang ke Indonesia?
(2) Bagaimana cuaca hari ini?
(3) Bagaimana warna ini?
(4) Bagaimana jika(kalau) kita belajar bahasa Indonesia bersama?

UNIT 05

(1) Ryan : **Mau ke mana?**
  Rini : Aku mau ke rumah sakit.
(2) Ryan : Kamu ada di mana?
  Rini : **Aku ada di depan lampu merah.**
(3) Ryan : **Tolong belok kiri di sana.**
  Rini : Siap.
(4) Ryan : Apotek ada di mana?
  Rini : **Apotek ada di antara rumah sakit dan rumah.**

(1) Rumah sakit **ada** di mana?
(2) HP kamu ada di **bawah** kursi.
(3) Nanti tolong **belok** kanan di depan kantor pos.

(1) Mau ke mana?
(2) Jakarta ada di Indonesia.
(3) Rumah sakit ada di antara rumah dan restoran.
(4) Mari(Ayo) kita naik taksi!

UNIT 06

(1) Ryan : **Apakah kamu sudah makan?**
  Rini : Aku belum makan karena sibuk bekerja.
(2) Ryan : Apakah kamu pernah makan nasi goreng?
  Rini : **Aku belum pernah makan nasi goreng.**
(3) Ryan : **Apakah kamu sudah bangun?**
  Rini : Ya. Aku bangun jam 7 pagi.
(4) Ryan : Kapan kamu pulang ke rumah?
  Rini : **Aku mau pulang nanti malam.**

(1) Dia **belum** pernah ke Korea
(2) Apakah kamu **lagi** di jalan?
(3) Aku **masih** makan.

(1) Dia belum tidur.
(2) Aku sedang belajar bahasa Indonesia.
(3) Apakah kamu masih makan?
(4) Aku akan pergi ke Korea tahun depan.

연습문제 정답

UNIT 07

(1) Ryan : **Aku harus pulang sekarang.**
Rini : Oh, ada apa?

(2) Ryan : Adik kamu tambah cantik!
Rini : **Tetapi aku tambah gendut···.**

(3) Ryan : **Kamu perlu berapa banyak?**
Rini : Aku mau beli dua.

(4) Ryan : Sepertinya aku sakit perut···.
Rini : **Jangan makan sebelum tidur!**

(1) Kamu **harus** rajin belajar bahasa Indonesia.

(2) Anda **perlu** beristirahat.

(3) Nanti ada acara **sebelum** jam 7 malam.

(1) Aku tambah gendut.

(2) Kamu tambah cantik!

(3) Kamu perlu membaca buku.

(4) Aku akan tidur sesudah mandi. / Aku akan mandi sebelum tidur.

UNIT 08

(1) Ryan : **Tolong ke rumah sakit.**
Sopir taksi : Oke, siap mas.

(2) Ryan : **Kita bisa cepat sampai kalau tidak macet.**
Rini : Aduh, semoga tidak macet.

(3) Ryan : **Kamu suka pakai baju formal?**
Rini : Ya. Aku suka pakai baju formal.

(4) Ryan : **Apakah kamu punya pacar?**
Rini : Belum. Aku baru putus sama pacar.

(1) **Tolong** ke Universitas Indonesia.

(2) Aku **punya** pacar cantik.

(3) Boleh kita makan bersama **kalau** kamu tidak sibuk?

(1) Tolong ke rumah sakit.

(2) Biasanya 50 menit kalau tidak macet.

(3) Saya mau pakai ini.

(4) Saya punya adik.

UNIT 09

(1) Ryan : **Makanan apa yang kamu suka?**
Rini : Aku suka gado-gado.

(2) Ryan : **Sejak kapan kamu sakit kepala?**
Rini : Aku sakit kepala sejak kemarin.

(3) Ryan : **Sepertinya aku kena flu.**
Rini : Kamu harus beristirahat.

(4) Ryan : **Kamu suka warna merah?**
Rini : **Ya, salah satu warna yang aku suka adalah warna merah.**

(1) Tempat yang saya suka adalah kafe.

(2) Orang yang paling ganteng adalah saya.

(3) Yang saya suka adalah musik.

(1) Saya sakit kepala.

(2) Sepertinya saya kena flu.

(3) Yang saya suka adalah belajar bahasa Indonesia.

(4) Salah satu yang saya suka adalah belanja.

UNIT 10

(1) Ryan : **Ada yang lebih murah?**
Rini : Tidak ada.
(2) Ryan : **Bagaimana cuaca hari ini?**
Rini : **Aku merasa kedinginan.**
(3) Ryan : **Baju ini kekecilan buat aku.**
Rini : Kamu perlu diet dulu.
(4) Ryan : **Ubi ini semanis madu!**
Rini : Tolong bagi aku juga!

(1) Kue ini **lebih** mahal.
(2) Kondisi badanku **kurang** baik.
(3) Aku **kecurian** dompet di mall.

(1) Ada yang lebih murah?
(2) Hari ini lebih panas daripada kemarin.
(3) Suara kamu tidak kedengaran.
(4) Kamu secantik bunga.

UNIT 11

(1) Ryan : **Siapa yang bikin makanan ini?**
Rini : Saya yang bikin makanan ini.
(2) Ryan : **Bagaimana cuaca di Bandung?**
Rini : Cuacanya sejuk dan cerah.
(3) Ryan : **Apa yang kamu suka?**
Rini : **Biasanya aku suka menonton film.**
(4) Ryan : Mau beli tiket apa?
Rini : **Aku mau beli tiket pulang pergi.**

(1) Film ini **bikin** aku geli.
(2) **Akhirnya** aku sampai di rumah.

(3) Apakah kamu mau beli **tiket pulang pergi?**

(1) Kamu membuat aku bahagia.
(2) Bagaimana cuaca Jakarta hari ini?
(3) Sepertinya dia suka aku.
(4) Saya mau beli tiket pulang pergi.

UNIT 12

(1) Ryan : **Kelihatannya kamu kurang tidur.**
Rini : **Aduh, ketahuan ya.**
(2) Ryan : **Soal ini membuat aku kepikiran.**
Rini : **Silakan beri tahu aku.**
(3) Ryan : **Bagaimana cara jago bernyanyi?**
Rini : **Kamu harus berlatih dulu.**
(4) Ryan : **Besok ada ujian bahasa Inggris!**
Rini : **Semoga berhasil!**

(1) Silakan **beri tahu** aku.
(2) Aku **belum** tidur karena ada ujian.
(3) **Semoga** cepat sembuh.

(1) Mereka bertiga sedang bernyanyi.
(2) Jangan bersedih.
(3) Seharusnya kamu belajar dulu.
(4) Aku sedang berpacaran selama 3 tahun.

연습문제 정답

UNIT 13

(1) Ryan : **Aku lagi bete banget.**
 Rini : Ayo kita bertemu!
(2) Ryan : **Bagaimana kalau kita menonton film?**
 Rini : Oke. Aku yang beli tiket!
(3) Ryan : **Sudah lama tidak bertemu!**
 Rini : Ya, makanya!
(4) Ryan : **Jangan menyerah walaupun gagal diet hari ini!**
 Rini : Terima kasih banyak!

(1) Kamu tidak ke **mana-mana**?
(2) Aku selalu berolahraga **asal** tidak bekerja lembur.
(3) Siapa yang **menyetir** mobil?

(1) Aku lagi bete banget.
(2) Wajah aku memerah sesudah minum bir.
(3) Hobi aku adalah membaca buku.
(4) Aku bisa makan roti walaupun masih kenyang.

UNIT 14

(1) Ryan : Apakah Anda datang sendiri?
 Rini : Tidak. **Saya menemani pacar juga.**
(2) Ryan : **Bisakah kamu membelikan aku komputer?**
 Rini : Tidak mau. Komputer ini tidak rusak.
(3) Ryan : Apakah kamu suka tempat ini?
 Rini : Tentu saja, **kakak pun suka tempat ini!**

(4) Ryan : **Aku dengar restoran ini sangat populer.**
 Rini : Ya, karena makanannya enak sekali.

(1) Waktu cepat sekali **berlalu**!
(2) Aku **tidak menyangka** kamu sudah menikah.
(3) Bagaimana kita makan malam **bareng**?

(1) Kamu selalu membuat aku bahagia.
(2) Aku tidak menyangka kamu suka membaca komik.
(3) Waktunya benar-benar cepat berlalu.
(4) Aku pun tidak tahu.

UNIT 15

(1) Ryan : Kamu sudah balas e-mail?
 Rini : Ya, **sudah saya balas.**
(2) Ryan : **Genre film apa yang disukai anak kamu?**
 Rini : Anak aku suka film fantasi!
(3) Ryan : Aku begadang hari ini.
 Rini : **Pantesan!** Kamu terlihat capek!
(4) Ryan : **Terima kasih atas segalanya!**
 Rini : Sama-sama!

(1) **Nasi goreng sudah saya makan**
(2) **Adik sudah saya bangunkan.**
(3) **Rumah baru akan dibangun (oleh) bapak saya.**

(1) Sudah bikin laporan?

(2) Terima kasih atas infonya.

(3) Sudah saya balas.

(4) Pantesan!

UNIT 16

(1) Ryan : **Tadi aku tertidur karena mengantuk.**

Rini : Bagaimana kalau kita minum kopi?

(2) Ryan : Hari ini kita pergi ke mana?

Rini : **Terserah kamu!**

(3) Ryan : **Rumah sakit yang terdekat ada di mana?**

Rini : Di dekat mall.

(4) Ryan : Nanti kita bertemu di kafe ya.

Rini : Oke, **lewat mana?**

(1) Apakah kamu **masih di jalan**?

(2) Dia adalah seorang **pemalu**.

(3) Nanti bagaimana kita **mampir ke** kafe sebentar?

(1) Restoran ini terbuka kepada siapa saja.

(2) Adik saya terganteng di sini.

(3) Tolong ke bandara lewat tol.

(4) Sepertinya aku pernah lewat mall itu.

기본 어휘 · 필수 표현

기본 의사 표현

기본 어휘

- Ya 네
- Tidak 아니오
- Tentu 당연하죠
- Ini / Itu 이거요 / 저거요
- Mau / Tidak mau 원해요 / 원하지 않아요
- Suka / Tidak suka 좋아요 / 싫어요
- Saya tidak tahu 저는 잘 모르겠어요

질문

- Kapan? 언제요?
- Siapa? 누가요?
- Di mana? 어디서요?
- Yang mana? 어느 거요?
- Bagaimana? 어떻게요?
- Mengapa? 왜요?
- Apa? 뭐라고요?
- Berapa? 얼마예요?
- Berapa lama? 얼마나요? (기간)
- Berapa banyak? 얼마나 많이요?

독학 Plus

상대방의 말을 잘 못 들었을 때 'Apa?' 혹은 'Kenapa?'를 많이 씁니다. 여기서 'Kenapa'는 'Mengapa'의 구어체로 '왜?'라는 의미로도 쓰이지만, 잘 이해되지 않는 것에 대해 되물을 때도 사용하니 참고하기 바랍니다.

인사말 및 자기소개

기본 어휘

- pagi / siang / sore / malam
  아침 / 점심 / 저녁 / 밤
- nama 이름
- keluarga 가족
- orang 사람
- berasal dari ~출신이다
- bisa ~을 할 수 있는
- bicara 말하다

- bahasa 언어
- datang 오다

인사말 및 자기소개

- Selamat pagi / siang / sore / malam.
  안녕하세요. └→ 시간별 인사로 Selamat을 생략하고도 인사말로 사용 가능
- Nama saya Ryan. 제 이름은 Ryan입니다.
- Nama keluarga saya Lee. 제 성은 Lee입니다.
- Senang bertemu. 만나서 반갑습니다.
- Senang bertemu juga. 저도 만나서 반갑습니다.
- Saya orang Korea. 저는 한국 사람입니다.
- Saya berasal dari Seoul. 저는 서울 출신입니다.
- Saya bisa bicara bahasa Indonesia.
  저는 인도네시아어를 할 줄 압니다.
- (Saya datang ke sini) untuk berwisata.
  저는 여행하러 이곳에 왔습니다.
- (Saya datang ke sini) untuk bekerja.
  저는 일하러 이곳에 왔습니다.

독학 Plus

동사 berasal은 '~출신이다'의 의미로 'from'을 의미하는 전치사 'dari'와 함께 쓰였습니다. 동사와 전치사를 한꺼번에 외우는 게 좋겠죠?

인사말 2

- Selamat datang. 어서 오세요.
- Selamat jalan. 안녕히 가세요.
- Selamat tinggal. 안녕히 계세요.
- Selamat tidur. 잘 자요.
- Apa kabar? 잘 지냈어요?
- Bagaimana kabarnya? 어떻게 지냈어요?
- Baik. 잘 지내요. / 좋아요.
- Baik-baik saja. 잘 지냅니다.
- Baik sekali. 너무 잘 지내죠.

독학 Plus

'jalan'은 '길'이고, 'tinggal'은 '거주하다', '남아있다'의 의미입니다. 본래 의미를 잘 생각해 보면 'selamat'과 결합하여 인사말이 됐을 때 어떤 인사말인지 유추하는 데에 도움이 됩니다.

인사말 3

- **Dadah!** 잘 가!
- **Sampai nanti.** 이따 만나요.
- **Sampai besok.** 내일 만나요.
- **Sampai jumpa lagi.** 다음에 또 만나요.
- **Sampai bertemu lagi.** 다음에 또 만나요.
- **Tolong sampaikan salam kepada dia.** 그/그녀에게 안부 전해 주세요.
- **Salam buat dia.** 그/그녀에게 안부 전해 줘.
- **Hati-hati.** 조심히 가요.

독학 Plus

'만나다'를 의미하는 'bertemu'는 구어체에서 'ketemu'로 많이 사용됩니다. 따라서 'sampai ketemu lagi'로도 많이 사용하니 참고하세요.

감사와 사과의 표현

- **Terima kasih.** 고맙습니다.
- **Terima kasih banyak.** 정말로 고맙습니다.
- **Terima kasih juga.** 저도 고맙습니다.
- **Makasih.** 고마워. (Terima kasih의 구어체)
- **Sama-sama.** 천만에요.
- **Kembali.** 천만에요.
- **Permisi.** 실례합니다.
- **Maaf.** 미안.
- **Minta maaf.** 미안합니다.
- **Mohon maaf.** 죄송합니다. (정중한 사과의 말)
- **Maafkan saya.** 용서해 주세요.
- **Tidak apa-apa.** 괜찮아요.
- **Nggak apa-apa.** 괜찮아. (Tidak apa-apa의 구어체로 gapapa로 빠르게 발음)

축하의 말

- **Selamat!** 축하해요!
- **Selamat hari ulang tahun.** 생일 축하해요.
- **Selamat tahun baru.** 새해 복 많이 받으세요.
- **Selamat menempuh hidup baru.** 결혼을 축하합니다.
- **Selamat menunaikan ibadah puasa.** 금식 잘 하세요.
- **Selamat idul fitri.** 르바란을 축하합니다.

- **Selamat hari natal.** 메리 크리스마스.
- **Selamat berlibur.** 연휴 잘 보내세요.
- **Selamat cuti.** 휴가 잘 보내세요.

간단한 질문하기

기본 어휘

- **tinggal di ~** ~에 거주하다
- **berasal dari ~** ~출신이다
- **pekerjaan** 직업
- **hobi** 취미
- **menikah** 결혼하다
- **punya** 소유하다
- **pacar** 애인

친해지고 싶을 때

- **Permisi.** 실례합니다.
- **Siapa nama Anda?** 이름이 뭐예요?
- **Anda tinggal di mana?** 어디에 사세요?
- **Anda berasal dari mana?** 어디 출신인가요?
- **Apa pekerjaan Anda?** 직업이 뭔가요?
- **Anda bekerja di mana?** 어디에서 일하나요?
- **Apa hobi Anda?** 취미가 뭐예요?
- **(Apakah Anda) sudah menikah?** 결혼하셨나요?
- **(Apakah Anda) punya pacar?** 애인 있나요?
- **Apa yang Anda suka?** 무엇을 좋아하나요?
- **Berapa umur Anda?** 몇 살이에요?

독학 Plus

격식 없이 간단하게 질문하고자 할 때는 -nya 의문사 형태를 많이 사용한답니다. Namanya siapa?(이름이 뭐예요?), Umurnya berapa?(몇 살이에요?), Hobinya apa?(취미가 뭐예요?)와 같이 간단하게 사용해 보세요.

기본 어휘 · 필수 표현

감정 표현 및 의견 말하기

기본 어휘

- mengerti / paham 이해하다
- senang 기쁜
- marah 화난
- sedih 슬픈
- galau 우울한
- menarik 흥미롭다, 재미있다
- setuju 동의하다
- saran 충고, 조언

감정 표현

- Aduh! 아이고!
- Ya, ampun! 이 일을 어쩌나!
- Aku marah. 나 화났어.
- Aku galau. 나 우울해.
- Aku sedih. 나 슬퍼.
- Jangan bikin aku marah. 화나게 하지 마.
- Tolong biarkan aku sendiri. 날 혼자 내버려 둬.
- Menyebalkan! 짜증나! (구어체로는 어근인 'sebal'을 그대로 써서 발음을 'sebel'로 사용합니다.)
- Sialan! 재수 없어!

의견 말하기

- Bagus! / Baik! 좋아요!
- Benar? / Serius? / Masa sih? 진짜?
- Oh begitu? / Oh gitu? 아 그래요?
- Ide yang bagus! 좋은 생각이에요!
- Setuju? 동의하니?
- Saya setuju. 저는 동의합니다.
- Saya setuju dengan pendapat Anda. 저는 당신의 의견에 동의합니다.
- Sepertinya itu salah. 그건 틀린 것 같아요.
- Jangan menyalahkan diri sendiri. 본인 탓하지 마세요.
- Jangan menyalahkan orang lain. 타인 탓하지 마세요.
- Minta saran. 조언 부탁해요.

독학 Plus

Sepertinya는 '~인 것 같아'를 의미하는 부사로, 구어체에서는 'kayaknya'로 많이 사용됩니다.

이해가 되지 않을 때

- Tolong bicara lebih pelan. 조금 더 천천히 말씀해 주세요.
- Tolong bicara sekali lagi. 한 번만 더 말씀해 주세요.
- Saya tidak mengerti. 저는 이해하지 못했습니다.
- Saya tidak paham. 저는 이해하지 못했습니다.
- Saya bisa bicara bahasa Inggris. 저는 영어를 할 줄 알아요.
- Bisa bicara bahasa Inggris? 영어 할 줄 아세요?
- Bisa diulangi lagi? 다시 한 번 말씀해 주실래요?
- Bisa mengerti? 이해하셨나요?
- Artinya? 무슨 뜻인가요?
- Maksudnya? 무슨 의미인가요?
- Tidak tahu. 전혀 모르겠어요.
- Kurang tahu. 잘 모르겠어요.

독학 Plus

대답으로 '네', '아니오'를 유도하는 질문은 의문사 'Apakah'를 사용합니다. 정중하게 질문하려면 'Apakah Anda bisa bicara bahasa Inggris?'라고 해 보세요.

칭찬하기

- Kamu baik sekali! 넌 정말 친절해!
- Kamu pintar sekali! 넌 정말 똑똑해!
- Kamu cantik sekali! 너 정말 예쁘다!
- Kamu ganteng sekali! 너 정말 멋지다!
- Keren banget! 진짜 멋지다!
- Mantap! 최고야!
- Menarik sekali! 너무 재미있어! (흥미로워!)
- Luar biasa! 신기하다! (대단하다!)

+ banget은 sangat 또는 sekali의 구어체로, 회화에서
  는 이 표현이 더욱 많이 쓰입니다.
+ luar biasa는 '밖'을 의미하는 luar와 '보통의, 일반적
  인'을 의미하는 biasa가 결합된 표현인데요. 그래서
  위와 같이 감탄사로도 쓰이지만, '학교'를 의미하는
  sekolah와 결합하면, sekolah luar bisa, 즉 '특수 학
  교'가 됩니다.

교통 표현

기본 어휘

- bus 버스
- taksi 택시
- ojek 오토바이를 이용한 교통수단
- sebelah kiri / kanan 왼쪽 / 오른쪽
- belok kiri / kanan 좌회전 / 우회전
- putar balik 유턴
- bayar 지불하다
- kembalian 거스름돈

택시에서

- Pak, saya mau ke Plaza Indonesia.
  기사님, 저 Plaza Indonesia로 가고 싶어요.
- Pak, tolong antar saya ke Plaza Indonesia.
  기사님, Plaza Indonesia로 가 주세요.
- Pak, ke Plaza Indonesia.
  기사님, Plaza Indonesia요.
- Jangan lewat jalan ini/itu.
  이/저 길로 가지 마세요.
- Tolong lewat jalan ini/itu. 이/저 길로 가 주세요.
- Tolong belok kiri/kanan di depan.
  앞에서 좌/우회전해 주세요.
- Tolong berhenti di depan/sini
  앞/여기에서 세워 주세요.
- Saya mau turun di sini. 여기서 세워 주세요.
- Biaya tolnya nanti digabung saja.
  톨게이트 비용은 나중에 합해서 낼게요.
- Kembaliannya 3.000 rupiah saja.
  거스름돈은 3천 루피아만 주세요.
- Kembaliannya diambil saja.
  거스름돈 그냥 가지세요.

타고 있던 교통수단을 세우고자 할 때 'berhenti'를 쓰
는데요. '주차'는 'parkir'를 씁니다.

공항 표현

기본 어휘

- bandara 공항
- pesawat 비행기
- tiket pesawat 비행기 표
- paspor 여권
- bagasi 수하물
- toko bebas pajak 면세점
- kedatangan 도착
- keberangkatan 출발
- mendarat 착륙하다
- kursi 좌석
- jendela 창문
- lorong 복도

공항에서

- Ini paspor saya. 제 여권입니다.
- Ini tiket saya. 제 티켓입니다.
- Saya mau kursi dekat jendela/lorong.
  저는 창문/복도 가까운 좌석을 원합니다.
- Di mana tempat pengambilan bagasi?
  수하물 찾는 곳이 어디예요?
- Nomor berapa terminal untuk Garuda
  Indonesia?
  Garuda Indonesia 터미널이 몇 번인가요?
- Di mana terminal kedatangan?
  도착 터미널이 어디예요?
- Di mana terminal keberangkatan?
  출발 터미널이 어디예요?
- Saya kehilangan barang saya.
  제가 짐을 잃어버렸습니다.
- Paspor saya hilang. 제 여권이 없어졌어요.
- Apakah tas ini bisa saya bawa ke kabin?
  이 가방을 기내에 가져갈 수 있을까요?
- Di mana toko bebas pajak?
  면세점은 어디예요?

- Toko bebas pajak ada di lantai berapa?
  면세점은 몇 층이에요?
- Di mana ruangan untuk merokok?
  흡연실이 어디예요?
- Pesawatnya sudah mendarat.
  비행기가 이미 착륙했습니다.

식당 표현

기본 어휘

- daftar makanan 메뉴판
- pesan 주문하다
- goreng 튀기다, 볶다
- bakar 굽다
- sendok 숟가락
- sumpit 젓가락
- garpu 포크
- tisu basah 물티슈
- bill/bon 영수증
- pedas 매운

식당에서

- Bapak! / Ibu! 여기요! (나이가 많은 직원을 부를 때 쓰는 호칭)
- Mas! / Mbak! 여기요! (젊은 직원을 부를 때 주로 쓰는 호칭)
- Boleh minta daftar makanan?
  메뉴판 부탁드려도 될까요?
- Boleh minta menu? 메뉴판 부탁드려도 될까요?
- (Apakah ada) nasi goreng? 나시고렝 있나요?
- Saya mau pesan nasi goreng.
  저는 나시고렝으로 주문할래요.
- Saya mau pesan nasi goreng yang pedas.
  저는 매운 나시고렝으로 주문할래요.
- Saya mau pesan nasi goreng yang tidak pedas. 저는 안 매운 나시고렝으로 주문할래요.
- Digoreng saja. 튀겨 주세요.
- Dibakar saja. 구워 주세요.
- (Apakah) ada sendok? 숟가락 있나요?
- (Apakah) ada sumpit? 젓가락 있나요?
- (Apakah) ada garpu? 포크 있나요?

- (Apakah) ada tisu basah? 물티슈 있나요?
- Minta billnya/bonnya. 영수증 좀 부탁드립니다.
- Bisa bicara dengan manajernya?
  매니저와 얘기할 수 있을까요?

구매 관련 표현

기본 어휘

- melihat-lihat 구경하다
- harga 가격
- mahal 비싼
- murah 싼
- ukuran 사이즈
- besar 큰
- kecil 작은
- kasir 계산대
- diskon 할인

물건 살 때

- Saya hanya melihat-lihat. 그냥 구경하려고요.
- (Apakah) ada ukuran M? M 사이즈 있나요?
- (Apakah) ada ukuran yang lebih besar/kecil? 더 큰/작은 사이즈 있나요?
- (Apakah) ada warna ungu? 보라색 있나요?
- (Apakah) ada yang lebih murah?
  더 저렴한 거 있나요?
- Boleh saya coba dulu? 먼저 입어 봐도 되나요?
- Kasirnya di mana? 계산대가 어디인가요?
- Harganya berapa? 얼마예요?
- Ini berapa? 이거 얼마예요?
- Mahal sekali! 너무 비싸요!
- (Apakah) ada diskon? 할인 되나요?
- Minta diskon! 할인해 주세요!

업무 관련 표현

기본 어휘

- masuk kerja 출근
- pulang kerja 퇴근
- terlambat 지각하다

- sibuk 바쁜
- rapat 회의
- lembur 야근
- tanggal merah 공휴일
- cuti 휴가
- gaji 급여

회사에서

- Boleh kita bicara sebentar?
  우리 잠깐 얘기할 수 있을까요?
- Jangan terlamabat. 늦지 마세요.
- Maaf, saya terlambat.
  죄송해요, 제가 늦었습니다.
- Sedang apa? 지금 뭐 하는 중인가요?
- Lagi ngapain? 지금 뭐 해?
- Sedang sibuk? 지금 바쁜가요?
- Rapat akan dimulai jam 11 pagi.
  회의는 11시에 시작될 예정입니다.
- Rapat diundur ke jam 5 sore.
  회의가 오후 5시로 밀렸습니다.
- Hari ini dia tidak masuk karena sakit.
  오늘은 그/그녀가 아파서 출근하지 못했습니다.
- Saya lembur hari ini. 저는 오늘 야근이에요.
- Tolong cek e-mail. 이메일 확인해 주세요.
- E-mail itu sudah saya balas.
  제가 이미 그 이메일에 답장했습니다.
- Memo sudah saya kirim.
  제가 메모를 이미 보냈습니다.
- Saya sedang bercuti. 저는 휴가 중이에요.
- Apakah gaji sudah masuk?
  급여가 입금됐나요?
- Waktunya sudah pulang kerja.
  벌써 퇴근할 시간이네요.

병원/약국 관련 표현

기본 어휘

- sakit 아픈, 병든
- kepala 머리
- pusing 어지러운
- perut 배
- kena 걸리다

- flu 감기
- demam 열
- diare 설사
- tifus 티푸스

병원/약국에서

- (Apakah) ada dokter berbahasa Inggris di sini?
  영어 할 줄 아는 의사가 있으신가요?
- Saya sakit kepala/perut.
  저는 두통/복통이 있어요.
- Saya pusing. 어지러워요.
- Saya merasa sakit di bagian ini.
  저는 이 부분이 아파요.
- Sepertinya saya kena flu.
  저는 감기에 걸린 것 같아요.
- Sepertinya saya kena tifus.
  저는 티푸스에 걸린 것 같아요.
- Ada demam. 열이 있어요.
- Kapan saya boleh pulang?
  언제 돌아갈 수 있을까요?
- (Apakah) ada obat anti diare?
  지사제 있나요?
- (Apakah) ada obat anti nyamuk?
  모기 퇴치제 있나요?
- (Apakah) ada obat anti serangga?
  벌레 퇴치제 있나요?
- Berapa butir sekali? 한 번에 몇 알이요?
- Berapa kali sehari? 하루에 몇 번이요?
- Sebelum makan atau sesudah makan?
  식사 전인가요 아니면 식사 후인가요?

숙소 관련 표현

기본 어휘

- reservasi 예약
- kamar 방
- kamar kosong 빈 방
- kamar mandi 화장실
- tempat tidur 침대
- bantal 베개
- selimut 담요

기본 어휘 · 필수 표현

- handuk 수건
- kunci 열쇠
- sarapan 조식
- lift 엘리베이터
- air panas 뜨거운 물

호텔에서

- Saya sudah reservasi. 저는 이미 예약했어요.
- (Apakah) ada kamar kosong? 빈 방 있나요?
- Untuk 3 hari 2 malam. 2박 3일이요.
- Untuk malam ini saja. 오늘 밤만 묵을 거예요.
- Kami di sini untuk seminggu.
  저희는 일주일 동안 있을 거예요.
- (Apakah) ada layanan kamar?
  룸 서비스 있나요?
- Bisa pakai wifi di kamar?
  방에서 와이파이 사용할 수 있나요?
- Boleh saya minta handuk lagi?
  수건 더 주실 수 있나요?
- (Apakah) sarapan sudah termasuk?
  조식 포함인가요?
- Liftnya ada di mana?
  엘리베이터 어디에 있나요?
- Tidak ada air panas
  뜨거운 물이 안 나와요.

독학 Plus

2박 3일을 얘기하고자 할 때는 한국어와 반대로 순서를
바꾸어서 3 hari 2 malam이라고 합니다.

착! 붙는 인도네시아어
독학 첫걸음

초판 인쇄	2024년 5월 20일
초판 발행	2024년 5월 27일

저자	양태중
편집	권이준, 김아영
펴낸이	엄태상
디자인	권진희, 이건화
표지 일러스트	eteecy
조판	이서영
콘텐츠 제작	김선웅, 장형진
마케팅	이승욱, 왕성석, 노원준, 조성민, 이선민
경영기획	조성근, 최성훈, 김다미, 최수진, 오희연
물류	정종진, 윤덕현, 신승진, 구윤주

펴낸곳	시사북스
주소	서울시 종로구 자하문로 300 시사빌딩
주문 및 교재 문의	1588-1582
팩스	0502-989-9592
홈페이지	http://www.sisabooks.com
이메일	book_etc@sisadream.com
등록일자	1977년 12월 24일
등록번호	제300-2014-92호

ISBN 978-89-402-9401-7 (13730)